Note sur la présente édition

En mars 1988, Mark Curtis, socialiste et membre du syndicat des Travailleurs unis de l'alimentation et du commerce travaillant à l'abattoir de la compagnie Swift à Des Moines en Iowa, a été faussement accusé de viol et de cambriolage. Il a été arrêté et brutalement passé à tabac par la police de Des Moines, à peine quelques heures après avoir quitté une réunion en défense de seize travailleurs mexicains et d'un travailleur salvadorien de l'abattoir Swift. Ceux-ci avaient été arrêtés par les services de l'Immigration au cours d'une descente à l'usine et étaient menacés d'expulsion du pays.

Mark Curtis a été reconnu coupable et condamné à vingt-cinq ans de prison en septembre 1988. Il a obtenu une libération conditionnelle en juin 1996, soit sept ans et demi plus tard — beaucoup plus que la moyenne en Iowa pour les individus reconnus coupables d'accusations semblables.

Publiée à l'origine en 1995, cette brochure raconte l'histoire du coup monté contre Mark Curtis et de la campagne internationale pour le faire libérer.

août 2015

NAOMI CRAINE

Chicago, août 1996. Mark Curtis vend des livres et des journaux à une table de la campagne électorale du Parti socialiste des travailleurs.

1

La descente de l'INS et les 17 de Swift

Pour comprendre ce qui est arrivé à Mark Curtis et pourquoi les travailleurs ont intérêt à se joindre à la campagne pour le faire libérer, il est important de retourner à la descente du Service de l'immigration et de la naturalisation (INS) à l'usine de préparation des viandes Swift. Le 1er mars 1988, trois jours avant son arrestation, des policiers fédéraux et municipaux ont envahi l'usine au cours d'une descente bien organisée. Ils ont arrêté 17 travailleurs immigrants — 16 du Mexique et 1 du Salvador.

On a appris par la suite que la descente avait été planifiée plusieurs mois à l'avance avec la collaboration directe de la compagnie Swift. Les agents de l'INS s'étaient rendus dans le bureau du personnel de la compagnie, avaient examiné les dossiers de chaque travailleur et dressé une liste de gens à arrêter. Ils ont mis 17 noms sur un acte d'accusation scellé. Plusieurs des gens arrêtés le 1er mars travaillaient dans l'abattoir, tout comme Mark Curtis. Les 17 de Swift, comme on a commencé à les appeler, ont fait face à de nombreuses accusations graves d'avoir falsifié des documents, comme des numéros de sécurité sociale et des formulaires d'admissibilité à l'emploi, dans le but d'obtenir du travail.

La descente a eu lieu alors que l'INS prétendait convaincre plus d'immigrants sans documents légaux de demander l'amnistie dans le cadre de la Loi de 1986 sur la réforme et le contrôle de l'immigration. L'amnistie a permis à un petit nombre d'entre eux d'obtenir un statut légal.

Plusieurs ont vu dans la descente chez Swift un coup de sonde du gouvernement fédéral dans ses efforts pour légitimer l'utilisation illégale de renseignements confidentiels dans les demandes d'amnistie et s'attaquer ainsi aux immigrants sans papiers légaux. Au moins sept des travailleurs de Swift arrêtés par l'INS avaient déjà présenté leur demande d'amnistie. Ce fait a contribué à alimenter la colère de nombreux travailleurs de Des Moines et d'ailleurs, en particulier dans la communauté latino-américaine.

Immédiatement après les arrestations, les parents et amis des travailleurs de Swift se sont rassemblés à l'extérieur de la prison du comté de Polk, dans le centre-ville de Des Moines, pour exiger leur libération. Ils n'ont même pas pu parler aux prisonniers.

Un des 17 de Swift, Martin Castillo, a souligné l'hypocrisie de l'INS. « Je suis complètement confus, a-t-il déclaré au *Wall Street Journal*. Ils disent qu'on a falsifié nos cartes de sécurité sociale. Je ne le nie pas. Mais pourquoi nous ont-ils encouragés à demander l'amnistie et ont-ils dit qu'ils n'allaient pas nous poursuivre pour ce qu'on avait fait dans le passé ? » Un directeur de district adjoint de l'INS a répondu à la question de Martin Castillo en disant au *Wall Street Journal* : « Ce n'est pas parce que vous avez demandé ou obtenu l'amnistie qu'on va pardonner vos anciens péchés. »

STU SINGER

Printemps 1988. Héctor Marroquín, Kate Kaku et Mark Curtis expliquent le coup monté devant l'usine de transformation de la viande Swift de Des Moines. Un socialiste né au Mexique, Marroquín a remporté une bataille de 11 ans contre les efforts du gouvernement U.S. pour l'expulser du pays.

2

Le 4 mars 1988

Les arrestations à la Swift ont suscité une intense discussion parmi les travailleurs de l'usine. Lorsque les policiers de l'immigration étaient entrés et avaient arrêté les 17, quelques travailleurs avaient applaudi parce qu'ils avaient accepté la propagande patronale selon laquelle les travailleurs immigrés «volent les emplois américains.» De pareils préjugés aident la direction de compagnies comme Swift à maintenir les bas salaires et les mauvaises conditions de travail, non seulement pour les immigrants, mais pour l'ensemble des travailleurs. Les employeurs et les contremaîtres appellent les travailleurs mexicains des «mojados» [qui signifie «mouillés» en espagnol. Il s'agit d'un terme péjoratif utilisé contre les travailleurs agricoles du Mexique]. Ils traitent les travailleuses asiatiques de prostituées. Ils essayent de diviser les gens et d'encourager le racisme parmi les travailleurs.

Au travail, Mark Curtis avait aidé à unifier les travailleurs de Swift. Il parle l'espagnol, qu'il a appris durant son adolescence. Quand la police de l'immigration a arrêté 17 de ses compagnons de travail, il a activement participé aux discussions à l'usine en argumentant que le syndicat devrait participer à la lutte pour les défendre. Il avait d'ailleurs aidé quelques-uns des 17 à remplir leurs demandes d'amnistie.

À mesure que montait la colère contre les arrestations, des militants de la communauté latino-américaine de Des Moines ont organisé une réunion le vendredi 4 mars à 14 h au Centre communautaire uni mexicain-américain près de l'usine Swift. Cette réunion avait pour but de donner aux travailleurs de Swift la possibilité de dénoncer l'attaque et de poser des questions sur l'arrestation et le programme d'amnistie. La direction de Swift avait d'abord accepté de permettre aux travailleurs qui le voulaient d'aller à la réunion. Mais à 14 h, elle a refusé de les laisser partir prétextant qu'ils devaient maintenir la chaîne en opération jusqu'à ce qu'ils aient abattu et dépecé 500 têtes de bétail supplémentaires.

Les travailleurs sortent de la chaîne de production

Plusieurs travailleurs outrés ont quitté le travail pour assister à la réunion, ce qui a eu pour effet de fermer la chaîne de production. Personne ne pouvait se souvenir d'un tel événement à cette usine. La compagnie a dû reculer et a accepté de permettre aux travailleurs de se rendre à une réunion ultérieure. Elle a demandé que la réunion ait lieu à 17 h. Mark Curtis et plusieurs autres travailleurs de Swift y ont assisté.

Plus d'une centaine de parents, partisans des travailleurs de Swift et militants au sein de la communauté ont participé à la réunion de 14 h. Le directeur de district de l'INS James Cole, accompagné de policiers de Des Moines et de représentants de la compagnie, a pris la parole durant la réunion. Mais les parents et les amis des travailleurs arrêtés l'ont vivement dénoncé. Alfredo Alvarez, qui était alors directeur de la Commission des droits de la personne de Des Moines, est l'un de ceux qui ont proposé d'organiser une marche de protestation pour le 12 mars.

Certains participants à cette réunion sont demeurés pour assister à la réunion de 17 h. Environ 25 travailleurs de Swift ont participé à cette seconde réunion. « C'étaient surtout des gars de l'abattoir, a dit plus tard Mark Curtis. Il y avait aussi des représentants de la compagnie. J'ai pris la parole en espagnol pour dire qu'il fallait impliquer le syndicat. Ce n'est pas seulement un problème pour les travailleurs arrêtés, c'est aussi une attaque contre les droits de tout le monde à l'usine. Je me suis porté volontaire pour commencer à parler aux autres travailleurs de Swift.

« Après la réunion, je suis allé avec mes compagnons de travail à un bar du quartier, Los Compadres, pour poursuivre la discussion. Il y avait là aussi d'autres travailleurs inspirés par le militantisme des travailleurs mexicains qui avaient fait la grève ce jour-là. « C'est ça que nous devrions faire chaque fois que le contremaître nous embête, » a dit l'un d'eux. »

L'arrestation

Mark Curtis a quitté le bar vers 20 h 30 et est allé chez lui. Deux amis de l'extérieur devaient arriver d'une minute à l'autre. L'un d'eux, Kevin Magee, devait prendre la parole pour décrire son récent voyage au Nicaragua lors du Forum ouvrier du Militant (aussi appelé Forum Militant du travail en France) que Mark Curtis organisait pour le lendemain.

Mark Curtis voulait aller à l'épicerie acheter la nourriture nécessaire pour un repas avant le forum. Il a donc téléphoné à deux amies voisines, Ellen Whitt et Jackie Floyd, pour leur dire où il allait et leur demander de s'occuper de ses invités. Jackie Floyd a dit au procès qu'elle avait reçu l'appel de

Mark Curtis à 20 h 45. Elle se souvenait de l'heure exacte parce qu'il l'avait réveillée et qu'elle avait regardé l'heure pour voir si elle devait se rendre au travail sur l'équipe de nuit à l'usine de caoutchouc et de pneus Firestone à Des Moines.

À environ cinq pâtés de maisons de son appartement, Mark Curtis s'est arrêté à un feu rouge. Une jeune noire s'est approchée de sa voiture. Elle l'a supplié, l'air très bouleversée, de la reconduire chez elle. Elle a dit qu'un homme dans un bar du coin, le TNT, la poursuivait. Mark Curtis se rappelait du meurtre récent d'une femme dans ce bar. Le fait qu'une de ses soeurs a été violée le rendait particulièrement sensible à la violence contre les femmes.

Il a laissé la femme monter dans sa voiture et lui a offert d'appeler la police, ce qu'elle a refusé. Elle lui a demandé

STU SINGER

Le 12 mars 1988. Une manifestation à Des Moines en défense des 17 travailleurs arrêtés à Swift.

de la conduire chez elle. Elle l'a guidé vers une maison et lui a demandé de l'accompagner jusqu'à la véranda car elle craignait que l'homme soit à l'intérieur. Puis elle est entrée dans la maison. Mark Curtis, qui l'attendait sur la véranda, ne l'a jamais revue. Environ une minute plus tard, la porte s'est ouverte derrière lui. Il a d'abord cru qu'il s'agissait de l'homme que la femme craignait. Mais c'était la police.

L'un des policiers, Joseph Gonzalez, l'a pris par le bras et a crié : « Je le tiens ! » Mark Curtis a supposé que la jeune femme avait appelé les policiers et qu'ils le confondaient avec l'homme qui la pourchassait. Joseph Gonzalez l'a entraîné à travers le salon jusqu'à la chambre à coucher à l'arrière. Il lui a passé les menottes derrière le dos.

Il l'a alors poussé sur le lit, a défait son pantalon et l'a baissé. « Voyons ce qu'on a ici, » a-t-il dit. C'est là que le coup monté contre Mark Curtis a commencé. Joseph Gonzalez a pris son porte-monnaie et ses clés et l'a arrêté. Les policiers l'ont entraîné hors de la maison sans même lui permettre de remonter son pantalon.

Le lendemain, le *Des Moines Register* a publié un article intitulé « Un garçon de 11 ans appelle la police et empêche le viol de sa soeur. » L'article disait que Mark Curtis avait été arrêté alors qu'il tentait de violer une jeune fille de 15 ans sauvée in extremis par l'appel de son frère à la police.

3

Un coup monté politique

En arrêtant Mark Curtis le 4 mars 1988, l'une des premières choses que les policiers de Des Moines ont faites, c'est de prendre les clés de sa voiture stationnée devant la maison. Parmi les choses qu'ils ont pu voir se trouvaient plusieurs exemplaires d'un tract annonçant une réunion sur le thème : « Arrêtez les attaques du gouvernement contre nos droits politiques ! »

Le tract fournissait plusieurs exemples d'atteinte aux droits démocratiques, dont l'espionnage d'organisations politiques par le FBI, le cas des 17 de Swift et un cas d'activité policière raciste survenu un peu avant à Clive, en banlieue de Des Moines. La découverte de ce tract par les policiers et les remarques racistes des officiers qui ont battu Mark Curtis au poste de police cette nuit-là confirment la vraie nature de son crime : lutter pour les droits des travailleurs, y compris ceux qui parlent une langue différente, qui viennent d'un autre pays ou dont la peau est de couleur différente de celle des familles riches qui dominent Des Moines et le reste des États-Unis.

Les luttes pour la justice décrites dans le tract que Mark Curtis avait dans sa voiture résument bien le type d'activités politiques dans lesquelles il s'impliquait profondément. Le fait que la police et les procureurs de Des Moines aient accusé ce jeune syndicaliste de viol et de cambriolage et qu'ils l'aient expédié en prison n'a donc rien d'étonnant.

Le coup monté avait d'ores et déjà acquis un caractère politique.

Le tract annonçait une réunion le 27 mars pour « discuter de plusieurs cas d'attaques gouvernementales contre les droits démocratiques et politiques. » La réunion était parrainée par le Fonds de défense des droits politiques (PRDF).

La lutte contre l'espionnage par le gouvernement

« Le PRDF, disait le tract, organise la lutte que mènent depuis une quinzaine d'années le Parti socialiste des travailleurs (SWP) et l'Alliance des jeunes socialistes (YSA) qui ont intenté un procès contre l'espionnage et le harcèlement de la part du gouvernement. Cette lutte a mené à la décision historique du juge fédéral Thomas Griesa en août 1986 réaffirmant le droit de tous d'exprimer leurs opinions politiques. Mais le ministre de la Justice [Edwin] Meese a fait appel de cette décision. »

À peine deux semaines après l'arrestation de Mark Curtis, le gouvernement des États-Unis a retiré son appel et la réunion du 27 mars s'est transformée en célébration. Mark Curtis, qui est un membre du SWP et un ancien secrétaire national de la YSA, a pris la parole à cet événement. Il a expliqué que le jugement constituait une arme importante dans la lutte contre la tentative des policiers de fabriquer des preuves contre lui.

Il s'agissait d'une victoire importante pour le droit de faire de la politique aux États-Unis. Le SWP et la YSA avaient déposé leur plainte contre le FBI et d'autres agences policières du gouvernement en 1973, en accusant le

Stop Government Attacks on Political Rights!

Militant/Arthur Hughes

Sunday, March 27 3pm

Des Moines Valley Friends Meeting House
4211 Grand Avenue
Des Moines, Ia.

speakers will include:

JOE SWANSON – Midwest spokesperson for Political Rights Defense Fund

ED SPARKS – Secretary-Treasurer Local 387, Teamsters union, Des Moines

PAT KEARNS – member New Wave, Univ. of Iowa; participated in CIA Off Campus demonstration last October

The March 27 meeting will take up many cases of government attacks on political anc democratic rights. The meeting is sponsored by the Political Rights Defense Fund (PRDF).

PRDF is organizing the 15 year long fight of the Socialist Workers Party and Youn Socialist Alliance suit against government spying and harassment. That suit won a histori decision by Federal Judge Thomas Grisea in August 1986 upholding the right of privacy tc advocate political ideas. But Attorney General Meese is appealing the decision.

There have been recent exposures of government spying and disruption against the Committe in Solidarity with the People of El Salvador (CISPES). The FBI targetted church, community, political and labor groups such as the United Auto Workers union that have spoken out against the U.S. war on the people of Central America.

Government efforts to carry out unpopular foreign policy require retricting our rights an access to information. They prohibit travel to Cuba, restrict the travel of representatives o the African National Congress, and are trying to close down the information offices of th Palestine Liberation Organization.

Other cases include:

- Students at the University of Iowa who face criminal charges for protesting CIA recruiting
- Five Kentucky coal miners framed up for murder for the "crime" of going on strike.
- Farm activists who face injunctions and police action for protesting foreclosures.
- The 17 immigrant workers at the Swift meatpacking plant in Des Moines arrested and jaile for the "crime" of immigrating and working.
- The Supreme Court ruled against free speech for high school newspapers.
- Racist attacks like the Clive, Iowa police notice to report "Black males".
- Treating the homeless and victims of the AIDS disease as criminals, not victims.
- Attacking workers rights through increased drug testing.

for more information contact PRDF, c/o Pathfinder Books, 2105 Forest, Des Moines, IA 5031 (515) 274-3603.

Tract annonçant la réunion du 27 mars 1988. En le trouvant dans sa voiture, les policiers ont su que Mark Curtis était un militant politique.

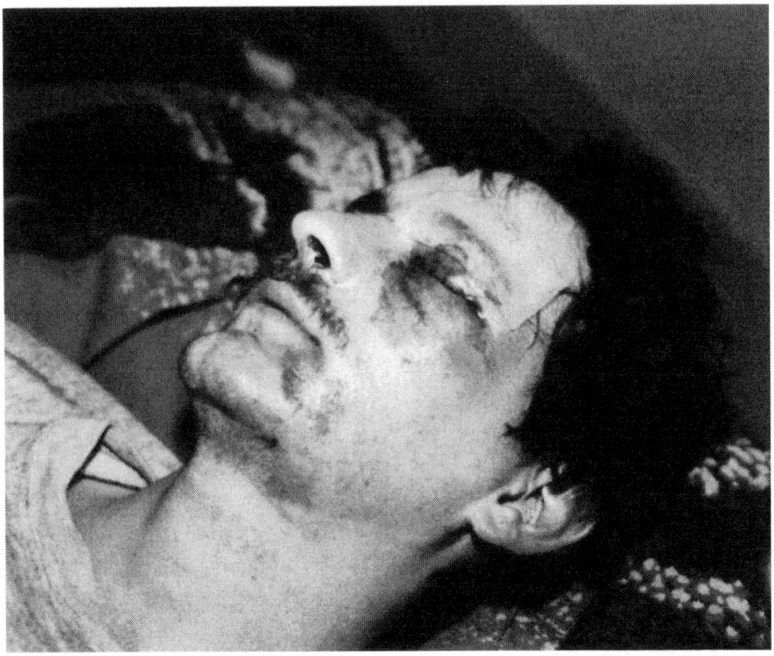

STU SINGER

Mark Curtis après avoir été battu par des policiers de Des Moines. Il a fallu 15 points de suture pour fermer la coupure au visage. Cette photo a été prise le lendemain de son arrestation.

gouvernement de les avoir illégalement espionnés et harcelés. Ils ont demandé un ordre du tribunal pour mettre fin à ces activités qui duraient depuis au moins 1941.

Le juge Thomas Griesa, qui devait son poste au président républicain Richard Nixon, a statué en 1986 que des dizaines d'années d'espionnage n'avaient fourni aucun indice d'activité illégale de la part du SWP et de la YSA. Au contraire, a-t-il écrit, les indicateurs du FBI ont produit « des milliers de rapports décrivant des activités légales et pacifiques du SWP et de la YSA. » Ils ont aussi exécuté des ordres du FBI pour « mettre fin aux activités de recrutement, [...] empêcher la croissance des deux organisations [...] et tenter de perturber leurs activités. »

Dans son jugement, Thomas Griesa a décrit en détail plusieurs des 57 opérations de harcèlement menées par le FBI, soit par le biais de lettres anonymes, de démarches entreprises pour faire perdre leurs emplois à des membres du SWP ou d'efforts pour nuire à la collaboration entre le SWP et des groupes pour les droits des Noirs et contre la guerre au Viêt-nam. Le jugement a aussi fourni une montagne de renseignements sur 20 000 jours d'écoute électronique, de 1943 à 1963, ainsi que 208 cambriolages par le FBI dans les bureaux du SWP ou les appartements de ses membres.

Les deux groupes socialistes ont obtenu en 1987 une autre décision judiciaire interdisant au gouvernement d'utiliser l'information contenue dans les 10 millions de pages de dossiers illégaux découverts au cours du procès. La cour a aussi accordé 264 000 dollars en dommages et intérêts au SWP et à la YSA. Le FBI, la CIA, l'INS et plusieurs autres agences d'espionnage du gouvernement ont présenté des requêtes légales contre la décision du tribunal. Ils ont déclaré que toute restriction à l'utilisation de dossiers obtenus illégalement nuirait à leurs activités et menacerait la « sécurité nationale ».

Dans le contexte des révélations de 1988 entourant le scandale Iran-contra, Washington a décidé de ne pas faire appel de cette décision, pour ne pas attirer davantage l'attention sur ses propres activités illégales aux États-Unis.

Harcèlement de militants contre la guerre

Peu après que le SWP et la YSA ont obtenu la décision de 1987, une autre opération d'espionnage du FBI a éclaté au grand jour. Celle-ci visait le Comité de solidarité avec le peuple du Salvador (CISPES) et d'autres opposants à la politique du gouvernement U.S. en Amérique centrale.

Le Centre pour les droits constitutionnels et le CISPES ont forcé le gouvernement à admettre que de 1981 jusqu'à au moins 1985, le FBI a rassemblé 3 700 pages de dossiers sur des centaines de militants contre la guerre et sur d'autres individus dont il n'aimait pas les opinions ou les activités politiques.

Lors d'une conférence de presse à Des Moines après son arrestation, Mark Curtis a rendu publics les dossiers que le FBI gardait sur lui dans le cadre de l'opération d'espionnage contre le CISPES. Il avait participé à des activités contre la guerre pendant qu'il demeurait à Birmingham, en Alabama, de 1981 à 1985. Un des documents du FBI le décrit comme l'un des trois individus « jouant un rôle dans la direction [de l'organisation] dans la région de Birmingham. » Un autre document du FBI, sur les activités du groupe, dit que cette section du CISPES « a organisé plusieurs manifestations pacifiques dans la région de Birmingham. Le groupe dénonce l'implication U.S. en Amérique centrale et dans les Antilles. [...] Le groupe en question prône « la paix — non seulement l'absence de guerre, mais le développement de la vie humaine. »

Le FBI avait aussi conservé un article du *Tuscaloosa News* du 10 novembre 1983 qui décrivait une manifestation contre la guerre à Tuscaloosa, en Alabama. L'article disait que Mark Curtis avait pris la parole pour dénoncer l'invasion récente de Grenade par l'armée des États-Unis.

L'existence de dossiers du FBI sur Mark Curtis et sur le SWP, la YSA et le CISPES est l'une des preuves importantes que Mark Curtis n'a pas eu le droit de présenter à son procès.

Les luttes dans l'industrie de transformation des viandes

Mark Curtis a déménagé à Des Moines en 1986, inspiré par une autre bataille importante : celle des travailleurs d'abattoir face aux attaques des patrons dans le Midwest des États-Unis.

L'assaut contre les travailleurs d'abattoir a commencé en 1982. L'Iowa Beef Processors a demandé aux travailleurs de son usine de Dakota City au Nebraska de faire des concessions importantes au niveau des salaires et des conditions de travail. Elle a aussi remporté une victoire contre des membres des Travailleurs unis de l'alimentation et du commerce (TUAC) de cette ville qui avaient fait la grève. D'autres grandes compagnies de cette industrie ont exigé des concessions semblables et ont menacé les travailleurs récalcitrants de fermer des usines. Elles ont réussi en trois ans à faire baisser le salaire horaire moyen de 10,69 dollars à 8,24 et à éliminer 24000 emplois dans les abattoirs. Le

TOM JAAX

Le 12 avril 1986, environ 5000 personnes ont manifesté pour appuyer les grévistes de la section locale P-9 du Syndicat des travailleurs unis de l'alimentation et du commerce, à Austin, au Minnesota. La lutte des travailleurs de l'industrie de la viande a aidé à briser la tendance du mouvement ouvrier aux États-Unis à faire des concessions aux employeurs.

nombre d'accidents dans cette industrie a monté en flèche avec l'accélération des cadences.

Les modèles de conventions collectives à rabais préconisées par les officiers des TUAC et votées par les travailleurs sont devenus la norme pendant plusieurs années. Mais au milieu des années 80, une couche de travailleurs a commencé à résister aux attaques répétées contre leurs conditions de vie.

En 1985-1986, les membres de la section locale P-9 des TUAC ont entrepris une grève à l'usine Hormel de Austin, au Minnesota. Ils ont décidé de lutter plutôt que d'accepter de nouvelles concessions sous la pression de vagues promesses que les choses allaient tranquillement s'améliorer. Ils ont commencé en prenant le contrôle de leur section syndicale locale et en allant chercher la solidarité de syndicalistes et d'autres travailleurs à travers le pays.

La détermination des travailleurs de Hormel a stimulé une vague de grèves dans l'industrie de transformation des viandes à travers le Midwest. Plusieurs batailles ont connu des situations difficiles. Certaines, comme la grève de Hormel, ont abouti à des défaites. Mais plusieurs travailleurs ont décidé qu'il valait mieux lutter que de se contenter de céder aux demandes des patrons. Ces luttes ont marqué un changement important par rapport à la tendance du mouvement ouvrier aux États-Unis de faire des concessions.

C'est cette résistance qui a poussé Mark Curtis et plusieurs autres membres du Parti socialiste des travailleurs à déménager dans le Midwest et à y construire de nouvelles branches du parti à Des Moines, à Austin et à Omaha, dans le Nebraska. Ils ont participé aux luttes dans cette industrie et aux batailles des agriculteurs pour empêcher les banques de saisir leurs terres.

Les patrons des abattoirs ont souvent répondu aux luttes des travailleurs par l'intimidation et le harcèlement. Hormel, par exemple, a congédié Bob Langemeier, un militant syndical à son usine de Fremont, au Nebraska, parce qu'il avait refusé de franchir un piquet de grève établi par les membres de la section locale P-9 de Austin. La lutte pour regagner l'emploi de Bob Langemeier a révélé que la compagnie avait engagé un enquêteur pour épier ses activités syndicales et politiques. Le détective privé a espionné entre autres un Forum ouvrier militant à Des Moines au cours duquel Bob Langemeier a pris la parole. Mark Curtis avait aidé à organiser cette réunion portant sur la grève de Hormel et y avait participé. Le policier a dit par la suite qu'il avait enregistré la réunion de l'extérieur à travers un conduit d'aération alors qu'il était juché sur une poubelle.

Peu après son arrivée à Des Moines, Mark Curtis a trouvé un emploi à l'usine de transformation de la viande Swift. Les conditions de travail dans cette usine étaient typiques des conditions imposées aux autres travailleurs de l'industrie. L'échelle des salaires débutait à 5,40 dollars l'heure et n'atteignait pas 8,00 dollars. En 1987, près de 80 pour cent des travailleurs de cette usine ont été blessés au travail en raison des cadences excessives qui ont causé de nombreuses coupures aux couteaux, des amputations et des maladies provoquées par des gestes répétitifs, comme le syndrome du tunnel carpien. Durant l'année précédant l'arrestation de Mark Curtis, 3 000 personnes ont travaillé pour Swift alors que l'usine a une capacité de 600 travailleurs à la fois.

À Swift, Mark Curtis étripait les bovins, ce qui est une tâche très ardue. En décembre 1987, il s'est blessé au dos, mais le patron a refusé de lui permettre de consulter un médecin. Au fil des heures, la douleur est devenue insupportable et il a quitté la chaîne. La compagnie l'a congédié. Mais il a pu retrouver son emploi avec l'appui de ses compagnons de travail et de son syndicat.

PHIL NORRIS

Mai 1987, Sioux Falls, Dakota du Sud. Mark Curtis (à droite), dans un rassemblement de soutien à des travailleurs d'abattoir en grève.

Une telle victoire à Swift était exceptionnelle. Quand Mark Curtis a proposé de lutter contre son congédiement, ses compagnons de travail ont d'abord été sceptiques. Mais il a expliqué l'importance que le syndicat défende ses membres dans de telles situations et a pu obtenir l'appui nécessaire de son syndicat local.

La lutte contre le racisme de la police

Le tract trouvé dans la voiture de Mark Curtis le 14 mars soulignait le besoin de répondre aux « attaques racistes comme l'avis de la police de Clive, en Iowa, qui demandait à la population de lui signaler les « hommes noirs. » Cette remarque faisait référence à une autre lutte à laquelle Mark Curtis a participé dans les semaines précédant son arrestation.

Clive est une petite banlieue de Des Moines qui comprend très peu de Noirs. Au début de février 1988, la police de Clive a distribué un tract qui prétendait que l'auteur d'un vol récent était un grand homme noir. « Si vous voyez un homme noir dans votre quartier la nuit, disait le tract, veuillez s'il vous plaît appeler la police de Clive immédiatement afin de nous permettre d'identifier l'individu. »

Le tract a saisi d'indignation plusieurs personnes de la région. L'Association nationale pour l'avancement des gens de couleur (NAACP), l'Union des libertés civiles d'Iowa, la Commission des droits de la personne de Des Moines et plusieurs résidents de Clive ont sévèrement condamné ce racisme flagrant. Certains d'entre eux ont organisé une marche de protestation le 20 février à l'extérieur de l'hôtel de ville de Clive. Sous la pression, le Conseil municipal de la ville s'est rétracté et a publié une lettre d'excuses. Mais il a refusé de prendre des mesures disciplinaires contre le chef de police. La manifestation a donc eu lieu tel que prévu.

Environ 400 personnes y ont participé, dont Mark Curtis. À la fin, celui-ci a installé une table sur la pelouse du poste de police pour vendre le journal *The Militant* ainsi que des livres et brochures socialistes de la librairie Pathfinder de Des Moines.

En raison de ses activités politiques et syndicales depuis son déménagement à Des Moines à la fin de 1986, il était facile d'identifier Mark Curtis comme un ferme combattant pour les droits démocratiques et pour les intérêts des Noirs, des immigrants et de tous les travailleurs.

STU SINGER

Mark Curtis montrant des documents secrets du FBI sur ses activités contre l'intervention militaire U.S. en Amérique centrale.

4

Lancement de la campagne de défense de Mark Curtis

En tant que militant syndical et membre du Parti socialiste des travailleurs depuis plusieurs années, Mark Curtis savait qu'il lui faudrait une solide campagne politique de défense pour repousser les tentatives des policiers de l'expédier en prison. C'est pourquoi il a cherché de l'aide en se tournant vers d'autres travailleurs combatifs. Pour y arriver, il fallait mettre sur pied un comité de défense public et non partisan qui pourrait permettre d'impliquer tous ceux qui voulaient s'opposer à ce qui était clairement un coup monté politique.

Lors de la manifestation contre l'attaque de l'INS à Swift à laquelle environ 200 personnes ont participé le 12 mars 1988, Mark Curtis a décrit devant les médias ce qui lui était arrivé un peu plus d'une semaine plus tôt. Il a aidé à distribuer un dépliant intitulé «Dénoncez la brutalité de la police de Des Moines et son coup monté.» Le dépliant invitait les gens à assister à une réunion à la librairie Pathfinder plus tard ce jour-là.

Plus de 40 personnes sont venues, dont des travailleurs de l'usine Swift, des membres du Réseau d'action, des étudiants des universités d'Iowa et Drake, des citoyens d'Iowa et la mère de Mark, Jane Curtis. Elles ont décidé d'organiser une conférence de presse pour faire connaître la vérité sur l'arrestation de Mark Curtis. Celui-ci a aussi demandé aux gens d'envoyer des télégrammes au chef de police de Des Moines, William Moulder, pour le prier de retirer les accusations et dénoncer la brutalité policière. Le

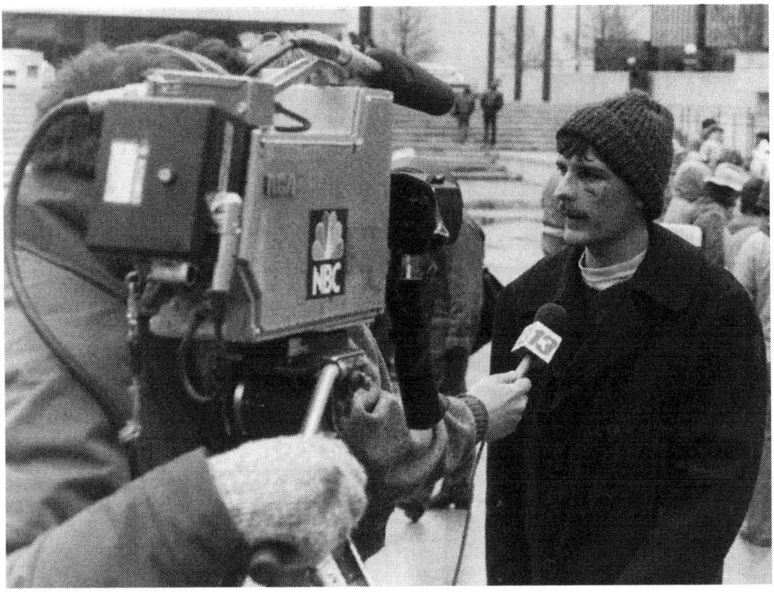

STU SINGER

Mark Curtis lors d'une entrevue pendant la manifestation du 12 mars 1988 pour défendre les 17 de Swift.

Comité de défense de Mark Curtis a formellement vu le jour lors d'une réunion de ses partisans le 27 mars.

La trésorière du comité Hazel Zimmerman a rencontré Mark Curtis pour la première fois lors de la manifestation pour les 17 de Swift. Dans une entrevue accordée en 1988, elle a dit qu'en voyant Mark Curtis, le visage tuméfié et coupé par les coups des policiers, «je suis partie à la recherche des faits. » Après les avoir trouvés, « je suis partie à la recherche de la justice. »

Sortir Mark Curtis de prison

Quand Stu Singer a appris l'arrestation dans la nuit du 4 mars de son ami et collaborateur politique Mark Curtis, il a immédiatement téléphoné à la prison municipale pour connaître le montant de la caution. Les policiers ont été très évasifs : ils ont d'abord nié que Mark Curtis était là ; puis ils ont dit qu'ils n'étaient pas sûrs ; finalement ils ont dit qu'ils « traitaient » quelqu'un dans la salle en arrière et ont demandé de rappeler. En fait, les policiers étaient en train de tabasser Mark Curtis.

Une délégation d'amis, de compagnons de travail et de militants de quartier est arrivée à la prison à 8 h. En déposant en garantie l'argent d'une personne et les voitures de cinq autres, les partisans de Mark Curtis ont réussi à réunir les 30 000 dollars nécessaires pour le sortir de prison, ce qui a eu lieu vers 14 h.

Sortir Mark Curtis de prison en moins de 24 heures a constitué un premier coup contre le coup monté de la police. Ça a aussi marqué le début de la campagne pour le défendre. Un examen médical complet, y compris aux rayons X, a montré que les policiers lui avaient fracturé l'os de la pommette avec une matraque. La photographie que Stu Singer a prise de lui montre clairement ce qui lui est arrivé cette nuit-là. Elle a contribué à la victoire qu'il a remportée en 1992 dans sa poursuite civile contre les policiers. Elle a aidé à expliquer les enjeux réels de sa lutte à de nombreux travailleurs dans le monde.

Élargir les appuis

Mark Curtis et ses partisans au sein du comité de défense ont cherché à élargir les appuis à la lutte en se tournant vers les travailleurs, les agriculteurs, les étudiants et tous ceux qui défendent les droits démocratiques et en leur décrivant les faits concernant ce cas. Ils sont allés à des réunions syndicales et aux portes d'usines, y compris l'usine de Swift. Ils ont fait connaître le cas lors de manifestations comme celle du 17 mars à Des Moines contre les manoeuvres militaires de Washington en Amérique centrale. Mark Curtis s'est adressé à la Commission des droits de la personne de Des Moines et à d'autres organismes. Il a effectué une tournée dans d'autres régions du pays pour présenter sa lutte aux syndiqués et aux militants politiques.

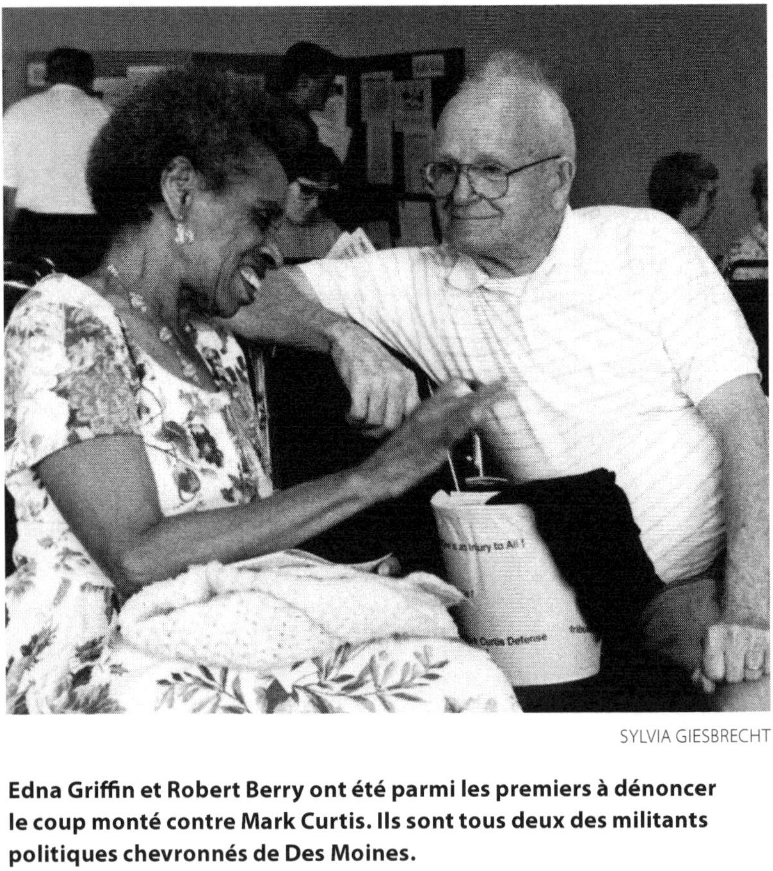

SYLVIA GIESBRECHT

Edna Griffin et Robert Berry ont été parmi les premiers à dénoncer le coup monté contre Mark Curtis. Ils sont tous deux des militants politiques chevronnés de Des Moines.

Des représentants des médias, ainsi qu'une cinquantaine de travailleurs, d'étudiants, de combattants contre la guerre, de militants antiracistes et féministes ont assisté à une conférence de presse le 19 mars à Des Moines. Mark Curtis y a décrit en détail ce qu'il a fait le jour de son arrestation. Il a rendu publics les dossiers que le FBI avait sur lui quand il était un militant contre la guerre à Birmingham, en Alabama.

Les messages d'appui avaient déjà commencé à affluer à Des Moines. Le président du Mouvement agricole américain en Iowa, Carroll Nearmyer, a écrit « en tant que citoyen des États-Unis et qu'agriculteur très préoccupé par les attaques des gouvernements du monde entier, des autorités et de la police contre les gens ordinaires au niveau mondial, nous devons nous unir et riposter. »

Parmi les orateurs à la conférence de presse venus exprimer leur solidarité avec Mark Curtis, il y avait un étudiant de l'Université d'Iowa à Iowa City, Pat Kears, qui a pris la parole en son nom et au nom de 17 autres étudiants. Ils venaient tous d'être acquittés d'accusations d'entrée illégale auxquelles ils avaient eu à faire face à la suite d'une manifestation contre la CIA.

Le 4 mai 1988, le *Des Moines Register* a rapporté que « la police de Des Moines a reçu plus de 400 lettres de tous les coins du pays demandant l'abandon des accusations de tentative de viol contre Mark Curtis, un employé de l'usine Swift. [...] Plusieurs de ces lettres sont accompagnées de pétitions signées par des douzaines de partisans de Mark Curtis. La police dit que certaines de ces lettres ont même été affranchies à l'étranger. »

5

Le gouvernement, les procureurs et leurs amis

La police de Des Moines, les procureurs et les élus municipaux ont cherché dès le début à saper le soutien à Mark Curtis. Des gens qui se présentaient comme des représentants de la police de Des Moines et du bureau du shérif du comté de Polk ont téléphoné aux auteurs de certains des messages envoyés au chef de police pour dénoncer l'arrestation et le passage à tabac de Mark Curtis et leur ont demandé s'ils avaient vraiment écrit ces lettres.

Le maire de Des Moines, John Dorrian, s'est porté à la défense des policiers. Doug Womack, le président de la section locale 893 des Travailleurs unis de l'automobile à Marshalltown en Iowa, avait écrit au maire le 28 mars à propos de Mark Curtis : « Je ne sais absolument pas si les accusations portées d'un côté ou de l'autre sont vraies. Mais je ne suis pas non plus assez naïf pour croire que de telles choses ne se produisent pas ! » John Dorrian a répondu en tentant de dénigrer la campagne de défense de Mark Curtis. Il a utilisé dans sa lettre plusieurs arguments qui allaient être repris par ceux qui appuient le coup monté.

Rejetant la présomption d'innocence du revers de la main, John Dorrian a commencé en supposant que puisque Mark Curtis avait été *accusé* de viol et d'assaut contre deux policiers, il devait être coupable. Il a répété la version des policiers qui prétendent que, pendant l'interrogatoire, Mark Curtis « a attaqué et insulté un représentant. Au cours de la tentative pour le maîtriser, M. Curtis a subi une blessure à l'oeil droit. » Il s'agissait en fait d'une fracture de l'os de la pommette gauche qui a nécessité 15 points de suture. John Dorrian a aussi été le premier à tenter de dénigrer Mark Curtis en tant que militant politique. Cela allait devenir un trait dominant de la campagne des partisans du procureur. Alors que « Curtis se décrit comme un militant social important qui a joué un rôle de premier plan dans des manifestations, un porte-parole du comité local du Conseil national des organisations chrétiennes et juives a nié le fait que M. Curtis soit un dirigeant important de la communauté. De plus, les membres de la Commission des droits de la personne ne le connaissaient pas avant son arrestation. Les dirigeants hispaniques que nous avons consultés reconnaissent des contradictions dans ses prétentions. »

Mark Curtis a répliqué à la lettre du maire en disant : « Je ne prétends pas être un dirigeant important. Je suis un militant contre la guerre en Amérique centrale, contre le racisme, pour les droits des femmes, en défense des immigrants et en appui aux syndicats et aux agriculteurs depuis plus de dix ans. »

Mark Curtis a poursuivi en décrivant son attitude comme militant syndical : « Mes compagnons de travail, tout comme la direction de Swift, savent que je suis prêt à lutter pour de meilleures conditions de travail et de sécurité. Je parle espagnol et je défends activement les droits des travailleurs immigrants. » C'est un point que Mark Curtis et ses partisans allaient devoir répéter à plusieurs reprises pour répondre à ceux qui tenteraient plus tard de nier sa contribution syndicale en soulignant le fait qu'il n'était pas un représentant syndical.

D'autres prennent le train en marche

D'autres forces à Des Moines et ailleurs ont pris le parti des policiers et des procureurs. Keith Morris, le père de la jeune femme qui a accusé Mark Curtis de viol, a multiplié les menaces et les attaques contre Mark Curtis et son Comité de défense.

L'attaque la plus sérieuse a eu lieu le 15 juillet 1988 quand Keith Morris a fracassé la vitrine de la librairie Pathfinder à Des Moines, où le comité de défense loue son bureau. Mark Curtis se trouvait alors dans la librairie, mais il a pu quitter les lieux par une autre porte. Juste avant l'attaque, Keith Morris avait dit à deux policiers qu'il s'en allait « botter quelques culs ». Mais les policiers n'ont rien fait pour l'arrêter. Lors d'une comparution en cour trois jours plus tôt, Keith Morris avait aussi proféré des menaces contre Mark Curtis, que le juge avait laissé passer sans rien dire.

Les autorités ont refusé de porter des accusations contre Keith Morris. Le propriétaire de la librairie a dû lui-même porter plainte devant le tribunal des petites créances, qui lui a donné gain de cause en ordonnant à Keith Morris de verser 2 000 dollars pour les dommages causés à la librairie.

Les procureurs ont aussi eu le soutien de la Ligue des travailleurs. Cette organisation qui se prétend socialiste s'est attirée la méfiance et la haine de plusieurs travailleurs à cause de son comportement perturbateur dans les conflits ouvriers. Elle se distingue par ses attaques contre les syndicats en grève, des Mineurs unis d'Amérique au Syndicat international des travailleurs unis du papier en passant par plusieurs autres. Le *Bulletin*, le journal de la Ligue des travailleurs (devenu par la suite l'*International Workers*

Bulletin), a publié régulièrement des articles contre Mark Curtis et sa campagne de défense. Dans les mois qui ont précédé le procès, les membres de cette organisation ont distribué une déclaration intitulée « L'étrange cas de Mark Curtis », qui reprenait les arguments du procureur.

D'autres forces à Des Moines qui prétendent défendre les droits des femmes et des Noirs ont aussi fait campagne contre Mark Curtis. Elles ont dit qu'il était coupable et qu'il devait être emprisonné en soulignant le fait que la jeune femme de 15 ans qu'on l'accuse d'avoir violée est noire.

Des militants associés aux Services d'aide aux victimes du comté de Polk, une agence d'aide à des victimes y compris des victimes de viol, ont cherché activement à convaincre les gens de ne pas appuyer Mark Curtis. Ils ont accepté la version des policiers comme un fait prouvé. Les opposants à la campagne de défense ont cité Marti Anderson, la directrice des Services d'aide aux victimes qui avait dit qu'il s'agissait d'« un bon cas de viol » et que « Curtis est coupable. »

Des membres du chapitre de Des Moines du Front uni national des Noirs ont aussi ajouté leur voix aux efforts du procureur pour faire condamner Mark Curtis.

6

Privé de son droit à la présomption d'innocence

Le 4 septembre 1988, à la veille du procès de Mark Curtis, une réunion publique au centre civique de Des Moines a permis d'illustrer l'ampleur de la solidarité avec la campagne internationale de défense. Plus de 400 personnes sont venues entendre une impressionnante liste de combattants expliquer le cas de Mark Curtis et le comparer à leurs propres expériences de lutte.

Parmi ces orateurs, il y avait Edna Griffin, une combattante pour les droits civils et une militante politique chevronnée, alors âgée de 78 ans. Elle a expliqué que lorsqu'elle a lu dans les journaux qu'on accusait un homme blanc d'avoir violé une jeune femme noire, elle s'est dit : « Ça, c'est vraiment une nouvelle ! Depuis quand se préoccupe-t-on du sort de nos jeunes femmes noires victimes d'abus sexuel ou même de viol ? »

Edna Griffin a répondu peu après à sa propre question lorsqu'elle a dit à Margaret Jayko, une correspondante du *Militant* : « J'ai compris qu'il parle espagnol et qu'il est très dangereux parce qu'il peut communiquer avec les travailleurs qui parlent espagnol. » Edna Griffin a raison :

pour ceux qui gouvernent l'État d'Iowa, Mark Curtis est réellement un homme dangereux.

Les membres de la table ronde comprenaient également Susan Mnumzana, alors secrétaire à la condition des femmes de la mission du Congrès national africain d'Afrique du Sud aux Nations unies ; l'écrivain et poète Piri Thomas ; et Jack Barnes, secrétaire national du Parti socialiste des travailleurs.

« Mark Curtis ne va pas avoir un procès juste, a dit Jack Barnes. Ce n'est pas en cour que va se décider l'innocence ou la culpabilité, ce n'est pas là que va se faire la justice.

« Personne au monde ne doit prouver l'innocence de Mark Curtis, » de continuer Jack Barnes, en décrivant les principaux éléments politiques que les partisans de Mark Curtis devaient garder en tête à l'ouverture du procès le 7 septembre. « Il a fallu aux travailleurs des centaines d'années pour gagner le droit à la présomption d'innocence. Ce n'est pas une illusion juridique. Ce n'est pas un droit que tu peux reconnaître ou nier au gré de tes opinions, de tes sensibilités ou de l'individu accusé.

« C'est une conquête très récente dans l'histoire de l'humanité. Nous ne devrions pas la considérer comme acquise, parce que la police de Des Moines, le procureur du comté de Polk, le Bureau fédéral d'investigation (le FBI), la presse libérale essaient tous de reprendre ce droit, non seulement à Mark mais à nous tous.

« Aux États-Unis, ce pays si « démocratique », c'est la présomption de culpabilité qui prévaut. Le samedi soir aux États-Unis, c'est le temps de la chasse aux jeunes noirs, aux jeunes portoricains. Dans le cas des femmes, c'est le temps de la chasse la plupart du temps. Ce qui règne, ce n'est pas la présomption d'innocence mais l'horreur de la culpabilité. »

ERIC SIMPSON

ERIC SIMPSON

Orateurs à une réunion de défense de Mark Curtis, le 4 septembre 1988 à Des Moines. (En haut) À la tribune : Jack Barnes, secrétaire national du Parti socialiste des travailleurs ; de gauche à droite : Mark Curtis ; les partisanes du comité de défense Ellen Whitt et Nan Bailey ; Hazel Zimmerman, trésorière du comité de défense. (En bas, à gauche) Carroll Nearmyer, Mouvement agricole américain. (En bas, à droite) Susan Mnumzana, Congrès national africain.

Les preuves de brutalité policière sont exclues du procès

Effectivement, Mark Curtis n'a pas eu un procès juste. Le tribunal a exigé qu'il prouve son innocence et non que le procureur prouve sa culpabilité. Le juge a de plus empêché le jury de prendre connaissance de la plupart des éléments clefs de la défense de Mark Curtis.

À la demande du procureur, le juge Harry Perkins a décrété, avant même l'ouverture du procès, que le fait que la police de Des Moines avait tabassé Mark Curtis était « non pertinent et sans importance » et qu'aucun témoignage là-dessus ne pourrait être présenté en cour. Le procureur Catherine Thune a prétendu que le passage à tabac de Mark Curtis n'avait rien à voir avec les accusations de viol parce que les policiers qui l'ont agressé au poste de police ne sont pas ceux qui l'avaient arrêté.

Pendant l'instruction, l'avocat de la défense Mark Pennington a expliqué la pertinence des témoignages sur le passage à tabac : « Nous avons certainement le droit de présenter des preuves pour la défense, a dit Mark Pennington. Mark Curtis va témoigner qu'un agent de la police de Des Moines l'a placé dans une position incriminante. [...]

« Même si l'agent [Joseph] González [qui avait arrêté Mark Curtis] n'a pas été impliqué dans la bagarre et le passage à tabac au poste de police de Des Moines, a dit Mark Pennington, je pense toujours qu'il est pertinent de montrer les préjugés institutionnels contre Mark Curtis. Si le jury doit délibérer et évaluer la possibilité qu'un agent de la police de Des Moines ait consciemment placé M. Curtis dans une position incriminante, ne devrait-il pas aussi entendre d'autres preuves de préjugé institutionnel envers M. Curtis et savoir qu'il a été battu par la suite au poste de police ? »

En argumentant que le passage à tabac de Mark Curtis aux mains de la police n'était pas pertinent, le procureur

Catherine Thune a également dit qu'un autre procès aurait lieu pour juger ces faits, dans lequel Mark Curtis serait accusé d'avoir attaqué les deux policiers qui l'ont interrogé. Ce deuxième procès n'a cependant jamais eu lieu, car le gouvernement a retiré les accusations.

Le jury n'a pas pu voir les dossiers du FBI

Pendant toute la durée de l'instruction et du procès, le juge Harry Perkins s'en est tenu à sa décision d'exclure toute preuve démontrant la possibilité d'un coup monté politique de la police de Des Moines.

Il n'a pas permis au jury, par exemple, de savoir que le nom de Mark Curtis apparaît dans le dossier que le FBI a préparé pendant l'opération d'espionnage et de sabotage contre le CISPES. Mark Pennington a demandé pendant l'instruction : « Le jury n'a-t-il pas le droit de savoir que le FBI a déjà considéré Mark Curtis suffisamment important pour allouer le temps, l'énergie et les ressources nécessaires pour suivre ses faits et gestes ; qu'il l'a fait surveiller et que, grâce à la loi sur la liberté d'information, nous avons obtenu des documents du FBI montrant qu'il connaissait Mark Curtis en raison de ses activités dans le CISPES et ailleurs ? Ne croyez-vous pas, votre honneur, que le jury a le droit d'entendre ces preuves ? »

Harry Perkins a répondu : « Ce procès va porter un jugement sur une agression contre une personne qui l'accuse d'en être responsable et sur un cambriolage. Il me semble que c'est le procès que nous avons. Nous n'allons pas juger le FBI ou Mark Curtis pour d'autres choses qu'ils aient pu faire ou non. »

Le principal témoin déjà suspendu pour avoir menti

Pendant le procès, Mark Pennington a demandé au témoin principal — l'agent Joseph González — s'il n'avait pas déjà été suspendu pour « avoir menti sur les détails d'un incident qui avait eu lieu alors qu'il était un agent de police de la ville de Des Moines. » Avant que le policier ait le temps de répondre, Catherine Thune a élevé une objection et a demandé de discuter de la question dans le bureau du juge. En l'absence du jury, Harry Perkins a décidé de « retenir l'objection pour des considérations de pertinence. Je pense que cela ouvrirait simplement toute une boîte de Pandore au niveau des preuves. »

Pour les besoins d'un éventuel appel, Mark Pennington a demandé de pouvoir interroger Joseph González dans le bureau du juge. L'agent a confirmé qu'il avait été suspendu dix ans plus tôt mais a prétendu avoir menti « pour protéger un informateur. »

En fait, selon un article publié le 24 mai 1978 dans le *Des Moines Register*, Joseph González « avait été suspendu pendant quatre jours pour avoir utilisé une force excessive et pendant dix jours pour avoir « menti » par rapport aux détails de l'incident. » Au cours de l'« incident », Joseph González et deux autres policiers ont brutalisé deux jeunes, dont un qu'ils avaient arrêté pour n'avoir pas payé une simple contravention. Joseph González a menti pour couvrir ce que lui et son partenaire avaient fait. Selon l'assistant de l'avocat municipal de l'époque, un des jeunes hommes avait subi une lésion cérébrale, tandis que l'autre s'était fait bousculé et tiré par les cheveux. Le cas n'a été rendu public que deux mois plus tard lorsque l'un des jeunes a obtenu un règlement privé lui accordant une indemnisation pour dommages.

Au cours d'une audience antérieure, le juge Anthony Critelli avait refusé d'ordonner à l'État d'Iowa de mettre le dossier de Joseph González à la disposition de la défense pour lui permettre de prendre connaissance d'autres « incidents » du genre.

Comme Mark Pennington l'a souligné dans le bureau du juge Harry Perkins, le fait que Joseph González « a été suspendu comme agent de police pour avoir menti par rapport à un incident [...] mine sa crédibilité. » Néanmoins, le jury n'a pu prendre ce fait en considération.

De nombreux autres aspects du procès de Mark Curtis ont aussi constitué des dénis de justice.

Lors de la mise en accusation, un mois complet après l'arrestation, le procureur a ajouté, par exemple, l'accusation de cambriolage au premier degré dans le but indéniable de s'assurer que Mark Curtis passe de nombreuses années en prison. Cette accusation encourt une peine de prison obligatoire de 25 ans. Personne n'a prétendu que Mark Curtis avait volé quoi que ce soit ; sa seule présence à la maison de la présumée victime constitue un « cambriolage » selon la loi d'Iowa. L'autre accusation d'abus sexuel au troisième degré encourt une peine de seulement dix ans. Le procureur avait initialement accusé Mark Curtis d'agression sexuelle au deuxième degré. Dans ce cas, l'accusation aurait dû prouver qu'il avait une arme ou qu'il avait menacé la présumée victime de mort ou encore qu'il l'avait gravement blessée. Cette accusation a été réduite pendant la mise en accusation.

Pas un jury de ses pairs

Ceux qui s'opposent à la campagne de défense disent que Mark Curtis a eu un jury de ses pairs parce qu'il est blanc et que c'est un jury de douze blancs qui l'a condamné. Mais ce n'est pas le cas.

Mark Curtis est un travailleur. Les travailleurs, en particulier ceux qui sont noirs ou latino-américains, vivent des expériences très différentes de celles que vivent les blancs de la classe moyenne qui composaient la grande majorité du jury à son procès. Les travailleurs sont beaucoup plus susceptibles d'avoir une expérience personnelle de la brutalité policière et des coups montés. Ils sont moins susceptibles d'avoir foi sans poser de questions en la parole d'un policier contre celle d'un travailleur.

Quelques années après le procès de Mark Curtis, la cour d'appel d'Iowa a jugé que le comté de Polk (qui comprend la ville de Des Moines) avait des critères de sélection des jurés qui « excluent les pauvres et de ce fait les minorités. » Le 26 juin 1992, le *Des Moines Register* a rapporté que selon la cour d'appel d'Iowa, « le comté de Polk utilise une méthode discriminatoire de sélection des jurés qui exclut systématiquement les Noirs. »

Le jury qui a trouvé Mark Curtis « coupable » n'était pas composé de ses pairs. Il ne comprenait aucun Noir et ne comptait qu'un seul syndicaliste.

Le juge Harry Perkins a aussi démis le seul juré hispanophone malgré les objections de la défense. Juste avant le début des délibérations, le juré James Garcia a dit qu'il ne pensait pas pouvoir être impartial parce qu'il connaissait deux des endroits mentionnés pendant le procès : le Centre communautaire uni mexicain-américain et le bar Los Compadres.

« Une telle connaissance ne justifie nullement l'exclusion de monsieur Garcia du jury, pas plus que cela ne constitue un manque d'impartialité ou un préjugé contre l'État d'Iowa ou le défendeur, » a souligné l'avocat de Mark Curtis après sa condamnation en déposant une demande pour un nouveau procès. « Le retrait sans raison valable de James Garcia du jury et le retrait du seul juré d'origine mexicaine-américaine a privé le défendeur de son droit d'être jugé par un jury représentatif de la communauté et d'avoir un procès juste et impartial. »

Dans une déclaration sous serment plusieurs semaines après le verdict, la jurée Blanche Stockbauer a dit ne pas être convaincue sans un doute raisonnable que Mark Curtis est coupable. «Bien que j'aie fini par voter coupable, a-t-elle dit, je crois que Mark Curtis n'est pas coupable du crime dont on l'accuse. Je ne savais pas que si j'avais continué à voter non coupable, on aurait ajourné le procès faute d'unanimité, ce qui aurait signifié un autre procès pour M. Curtis.

«Pendant les délibérations, un des jurés a expliqué qu'il avait décidé de la culpabilité de M. Curtis avant même que la défense n'ait présenté le moindre argument dans ce cas.»

Aucune enquête n'a été instituée dans le cas d'un deuxième rapport de mauvaise conduite de la part d'un juré qui aurait fraternisé avec la famille Morris pendant le procès.

Absence de preuve crédible

Bien que de nombreux faits n'aient pu être présentés en cour, un grand nombre de personnes qui ont assisté au procès ont acquis la conviction que le gouvernement n'avait aucune preuve crédible contre Mark Curtis.

«J'ai été surprise par le verdict» de culpabilité sur les deux chefs d'accusation, a dit Nellie Berry à la correspondante du *Militant* Margaret Jayko peu après le procès. Elle a raconté qu'elle avait essayé de suivre le procès comme si elle n'avait eu aucune connaissance antérieure du cas. Mais elle a conclu qu'étant donné les lacunes dans les preuves présentées par le procureur, il «était presque impossible» d'arriver à un verdict de culpabilité. Mais son mari, Robert Berry, a dit qu'il n'était pas surpris. «Je connais le système judiciaire, a-t-il dit. On exécute même des gens innocents.» Robert et Nellie Berry sont depuis longtemps des militants politiques à Des Moines et des combattants contre la guerre. Ils ont entendu parler du cas de Mark Curtis lors d'une manifestation contre l'intervention militaire des États-Unis en Amérique centrale.

Une voisine de Mark Curtis, Julia Terrell, a raconté qu'après avoir appris qu'il avait « été arrêté et accusé de viol, [...] ma première réaction a été de me demander : mais quelle sorte de gens vivent de l'autre côté de la rue ? » Mais lorsqu'elle a vu les sévices subis par Mark Curtis aux mains des policiers, elle a « compris qu'une chose terrible était arrivée.

« Quand le procès a commencé, a-t-elle ajouté, je pensais qu'il était innocent. Mais à la fin du procès, je *savais* qu'il était innocent. »

7

Ce que le procès a montré

Le 7 septembre 1988, des douzaines de personnes ont rempli la salle du tribunal du comté de Polk à Des Moines pour observer le procès de Mark Curtis. Il y avait parmi eux des syndicalistes, des agriculteurs, des militants pour les droits civils et des membres du clergé. Certains appuyaient déjà la lutte du jeune militant syndical et socialiste contre le coup monté dont il était victime. D'autres n'étaient pas sûrs, mais doutaient de l'histoire des policiers.

Demetria Morris, qui est âgée de 16 ans, a été le premier témoin du procureur. Elle a déclaré avoir été victime d'une agression sexuelle sur la véranda de sa maison le 4 mars 1988.

Elle a déclaré qu'un homme qui disait s'appeler Mark a frappé ce soir-là à sa porte. Accompagnée de son frère Jason, elle a ouvert la porte en pensant qu'il s'agissait de son frère Mark. Mais c'était un étranger qui cherchait une adresse à deux pas de leur maison. Son frère est rentré dans la maison pendant qu'elle parlait à cet homme. Demetria Morris a affirmé lui avoir expliqué où se trouvait la maison qu'il cherchait. Mais l'étranger a alors poussé grande ouverte

YVONNE HAYES

L'avocat de la défense Mark Pennington s'adressant au jury pendant le procès en septembre 1988.

la porte de la véranda où elle se trouvait. Il lui a dit qu'il avait un couteau et a ensuite tenté de la violer. Elle a juré au procès que cet homme était Mark Curtis.

Mais aucune preuve physique n'est venue appuyer les allégations de Demetria Morris concernant Mark Curtis. La jeune femme a décrit une agression prolongée qui s'est déroulée sur un plancher couvert de débris, de feuilles d'arbres et de poils de chien. D'après sa description de la lutte avec son assaillant, on se serait attendu à ce que leurs vêtements portent les traces du contact avec le sol. Il y avait bien des débris et des poils de chien sur le chandail, les jeans et les sous-vêtements de Demetria Morris. Elle avait aussi des feuilles séchées dans les cheveux. Mais il n'y avait aucune trace de feuilles ou de poils de chien sur les vêtements de Mark Curtis.

Paul Bush, un expert légiste de la Division des enquêtes criminelles de l'État d'Iowa, a examiné les vêtements de Demetria Morris et de Mark Curtis. Il n'a trouvé aucun liquide séminal sur leurs vêtements respectifs ni aucun indice d'échange de poils pubiens. Paul Bush a déclaré aux jurés : « En ce qui concerne le contact sexuel, je n'ai pas trouvé de liquide séminal ou de poils me permettant d'établir un lien entre les deux individus. »

Non seulement le procès n'a apporté aucune preuve physique liant Mark Curtis au crime dont on l'accusait, mais les témoignages de Demetria Morris, de son frère et des deux policiers qui ont arrêté Mark Curtis comportaient de nombreuses contradictions.

Mark Curtis avait un alibi

La principale faiblesse de l'argumentation du procureur, c'est que Mark Curtis avait un alibi incontestable à l'heure où l'attaque a commencé, selon la jeune femme.

Demetria Morris a dit que quelqu'un a frappé à la porte cinq minutes après qu'elle a répondu à un appel téléphonique d'un étranger. Dans ses dépositions avant et pendant le procès, Demetria Morris a dit que cet appel a eu lieu au moment où commençait l'émission de télévision « Video Soul ». Elle a dit que cette émission commence d'habitude à 19 h 30. Selon le registre de programmation de la chaîne de télévision, le 4 mars cette émission a en fait commencé à 20 h. Cela situerait l'heure de l'attaque entre 20 h 05 et 20 h 10.

Cependant, Brian Willey, un compagnon de travail de Mark Curtis à l'usine Swift, a témoigné que ce soir-là il était avec Mark Curtis entre 19 h et 20 h 30 au bar Los Compadres et que ce bar était plein de monde. Ils ont partagé un pichet de bière avec un troisième travailleur de Swift. Ils ont discuté de l'arrestation des travailleurs de l'usine quelques jours plus tôt, de l'arrêt de travail de l'après-midi et de la réunion pour dénoncer la descente de la police de l'immigration à laquelle Mark Curtis venait d'assister. Brian Willey a dit être certain que Mark Curtis est parti à 20 h 30

« parce que je devais rencontrer des gens à 21 h et que je regardais ma montre sans arrêt. »

Selon la loi de l'État d'Iowa, un tel témoignage fournissant un alibi incontesté constituait un motif suffisant pour acquitter Mark Curtis. Néanmoins, le juge Harry Perkins a refusé de donner des instructions au jury sur la question de l'alibi comme le lui demandait la défense.

Une description qui ne correspond pas à Mark Curtis

Demetria Morris a décrit un assaillant qui ne ressemblait pas à Mark Curtis. La jeune femme a, par exemple, maintenu que son assaillant portait une ceinture — elle l'a vu et entendu défaire sa ceinture. Mais Mark Curtis ne portait pas de ceinture ce soir-là. Les policiers n'en ont pas trouvé lors de leur enquête. Elle était également certaine que l'haleine de son assaillant sentait la cigarette. Mark Curtis est un non-fumeur inflexible, comme l'ont confirmé des témoins qui le connaissent bien.

Quelques heures à peine après la présumée attaque, Demetria Morris a subi un examen dans un hôpital local. Elle a raconté au médecin que son assaillant mesurait moins de 1 m 70 — seulement quelques centimètres de plus qu'elle — et qu'il portait un veston beige. Mark Curtis mesure plus de 1 m 80 et portait un veston bourgogne. Cependant, dans une déposition au mois de mai, Demetria Morris a changé sa description pour qu'elle corresponde mieux à Mark Curtis. Lors du procès, la jeune femme a dit que « Mark Curtis est plus ou moins de la même taille que mon père et mon père mesure 1 m 90. »

Ceux qui appuient la version présentée par le procureur soutiennent qu'il faut ignorer ces divergences parce que le 4 mars Demetria Morris était trop traumatisée pour présenter une histoire cohérente. Mais lorsque le procureur a demandé à Jane Brackney, une infirmière qui a assisté à l'examen de Demetria Morris à l'hôpital : « Est-ce qu'elle [...] était capable de décrire en général ce qui lui est arrivé ? » Brackney a répondu : « Oui, elle en était tout à fait capable. »

Mark Curtis n'a jamais vu Demetria Morris

Jason Morris a témoigné qu'au moment où l'agression était censée se dérouler, il a appelé le numéro d'urgence 911 et a dit à la police qu'un homme était en train de violer sa soeur. Selon le registre informatisé, la police a reçu un appel de la maison des Morris à 20 h 51, quelques 40 minutes après l'attaque, selon le témoignage de Demetria Morris.

En fait, l'appel a eu lieu plus ou moins à l'heure où Mark Curtis arrivait chez les Morris. Il était parti du bar Los Compadres à 20 h 30. Il est rentré brièvement chez lui, d'où il a appelé Jackie Floyd à 20 h 45 pour lui demander de guetter l'arrivée de ses visiteurs. Il est ensuite allé à l'épicerie. Myung Kim a dit aux jurés qu'elle et son mari, Kevin Magee, avaient bel et bien pris des dispositions pour demeurer chez Mark Curtis après avoir assisté ce soir-là à la Conférence des femmes rurales. Ils pensaient arriver vers 21 h.

Mark Curtis a témoigné qu'en se rendant à l'épicerie, une jeune femme — qui n'était pas Demetria Morris — s'est approchée de sa voiture. Elle lui a demandé de la conduire chez elle parce qu'un homme la poursuivait. Il a accepté et l'a conduite à une maison, qui était en fait celle des Morris. Il s'est garé juste devant la maison. À la demande de la femme, il a attendu quelques instants sur la véranda pendant qu'elle s'assurait qu'il n'y avait pas de danger. Quelques instants plus tard, a expliqué Mark Curtis, « j'ai entendu un bruit derrière moi, « un bang », et la porte s'est ouverte subitement. [...] J'ai tout de suite pensé que c'était l'homme qui la poursuivait. » Mais c'étaient des policiers.

« L'un d'entre eux m'a saisi par le bras en disant : « Je le tiens ! » J'ai cru à ce moment-là qu'il y avait peut-être un malentendu, qu'elle avait en effet appelé la police par crainte de l'homme qui la poursuivait et que les policiers me prenaient pour ce gars-là. »

Le début d'un coup monté

Le policier a emmené Mark Curtis jusqu'à la chambre à coucher à l'arrière de la maison. « Il m'a passé les menottes, les mains derrière le dos. Il m'a fait asseoir sur le lit qui était là ; il m'a poussé sur le lit ; il a détaché mon pantalon et il l'a baissé. »

Mark Curtis a affirmé n'avoir jamais vu Demetria Morris ce soir-là. Il l'a vue pour la première fois trois mois plus tard au Palais de justice du comté de Polk, au moment où elle l'accusait sous serment de l'avoir agressée.

Les agents de police de Des Moines, Joseph González et Richard Glade, prétendent qu'ils sont arrivés chez les Morris de 30 à 90 secondes après avoir reçu l'appel du répartiteur de la police. La version des policiers et celle de la jeune femme sur ce qui a suivi diffèrent sur des points importants.

Des contradictions dans le témoignage des policiers

Les deux policiers ont dit à la cour que lorsqu'ils ont frappé à la porte, Demetria Morris est sortie en courant, vêtue seulement d'un chandail, et leur a dit qu'on venait de la violer. Cependant, dans son propre témoignage, la jeune femme a insisté pour dire qu'elle n'avait rien dit aux policiers au moment de leur arrivée. Et, d'après les notes du médecin qui l'a examinée, elle a d'abord indiqué qu'elle ne portait pas son chandail à l'arrivée des policiers.

Joseph González a témoigné qu'en arrivant sur la véranda, il a vu Mark Curtis essayer de remonter son

Ce qu'a fait Mark Curtis le 4 mars 1988

Au procès que Mark Curtis a subi du 7 au 9 septembre 1988 sous des accusations de viol et de cambriolage, la prétendue victime a dit que le soir du 4 mars 1988, juste après le début de l'une de ses émissions de télévision préférées, un homme a téléphoné pour parler à Bonita, Denise ou Keith. L'émission commençait à 20 h. Elle a répondu à la personne que ses parents, Denise et Keith, n'étaient pas à la maison.

Cinq ou dix minutes plus tard, a-t-elle dit, un homme a frappé à la porte et a demandé à voir ces personnes. Elle a ouvert la porte et commencé à lui parler. Il a alors entrepris de la violer et de la battre jusqu'à ce que la police arrive. Elle a dit que Mark Curtis est l'homme qui a fait cela. Voici une chronologie, construite à partir des témoignages présentés au procès, de ce que Mark Curtis a fait et où il était au moment où le prétendu viol a eu lieu.

7 h. Mark Curtis quitte la maison pour aller travailler à l'usine Swift à Des Moines.

14 h. Plusieurs travailleurs quittent la chaîne de production à Swift pour dénoncer la décision de l'administration de les empêcher d'assister à la réunion qui a lieu au même moment pour dénoncer l'arrestation dans l'usine même de 17 travailleurs latino-américains par la police de l'immigration. La chaîne s'arrête pendant dix minutes.

16 h 45. Mark Curtis termine sa journée de travail.

17 h. Réunion au Centre communautaire uni mexicain-américain pour dénoncer l'arrestation des 17 travailleurs de Swift. Mark Curtis y prend la parole en espagnol sur le besoin d'impliquer le syndicat dans la lutte pour les défendre. La réunion appuie l'appel à une manifestation contre ces arrestations pour le 12 mars.

19 h. Mark Curtis arrive au restaurant-bar Los Compadres après la réunion pour dénoncer l'arrestation des 17 de Swift. Il parle de la réunion et des préparatifs pour la manifestation avec deux compagnons de travail.

20 h 30. Il quitte le restaurant pour se rendre en voiture chez lui.

20 h 40-20 h 45. Il appelle une amie Ellen Whitt et laisse un message sur son répondeur. Il lui dit qu'il doit aller à l'épicerie et lui demande si elle peut s'occuper des deux amis qu'il attend et qui pourraient arriver avant son retour. Mais puisque Ellen Whitt n'est pas chez elle, il appelle sa voisine Jackie Floyd pour lui dire la même chose.

20 h 45-20 h 50. Il quitte la maison pour se rendre au magasin Hy-Vee. À cinq pâtés de maisons de chez lui, une femme l'arrête à un feu rouge. Elle lui demande de la faire monter parce qu'un homme la poursuit. Il la fait monter. Elle le guide vers ce qui est en fait la maison des Morris. Elle lui demande d'attendre sur la véranda pendant qu'elle entre dans la maison.

20 h 51. La police dit qu'elle a reçu un appel d'urgence 911 de quelqu'un qui chuchotait que sa soeur était en train d'être violée.

20 h 52. Les policiers envoient une voiture vers la maison.

20 h 53. L'agent Joseph González prétend au procès qu'il est arrivé de 30 à 90 secondes plus tard. Selon Mark Curtis, les policiers sont arrivés une minute ou deux après qu'il soit arrivé sur la véranda. Ces derniers l'ont bousculé et Joseph González l'a entraîné, lui a passé les menottes, a baissé son pantalon et l'a arrêté. Les policiers ont pris les clés de sa voiture où se trouvaient des tracts en vue d'une manifestation pour dénoncer les attaques gouvernementales contre les droits démocratiques.

pantalon tout en courant vers l'arrière de la maison. Le policier a dit qu'il a poursuivi Mark Curtis à travers la maison et qu'il lui a passé les menottes alors que Mark Curtis se tenait debout face à un lit dans la chambre du fond. L'autre agent, Richard Glade, a par contre raconté aux jurés qu'il a vu Joseph González passer les menottes à Mark Curtis lorsque ce dernier était allongé, face au sol, dans la chambre à coucher. Demetria Morris a prétendu qu'elle est entrée dans la chambre à coucher et qu'elle a vu Mark Curtis assis, le pénis exhibé. Les deux policiers ont dit que c'était impossible.

Les policiers n'ont pas permis à Mark Curtis d'attacher son pantalon lorsqu'ils l'ont emmené au poste de police. Il devait le tenir par-derrière, les menottes aux poignets.

« Vouliez-vous que les autres officiers voient son pantalon ouvert ? » a demandé l'avocat de la défense Mark Pennington à Joseph González.

« Non, ce n'était pas mon intention, » a répondu le policier.

« Mais, c'est ce qui s'est produit, n'est-ce pas ? a dit l'avocat. Ne pensez-vous pas que c'est plus crédible si son pantalon est baissé, ou s'il n'est pas attaché et s'il doit le tenir par-derrière, les menottes aux poignets ? »

Joseph González a répondu : « Les seules personnes qui auraient pu le voir sont les officiers qui l'ont emmené au poste. » Ces deux officiers, Charles Wolf et Daniel Dusenbery, sont ceux qui ont battu Mark Curtis à la prison une heure ou deux plus tard.

Aucun passé de violence contre les femmes

En plus des divergences factuelles dans les témoignages présentés par le procureur, le gouvernement n'a pu présenter d'arguments politiquement convaincants contre Mark Curtis.

Plusieurs personnes qui connaissaient très bien Mark Curtis, sur le plan personnel ou politique, dont sa femme Kate Kaku, ont témoigné au procès qu'il n'a jamais agi de façon abusive ou violente envers les femmes, les Noirs ou d'autres personnes. Les témoins ont parlé de son honnêteté, de son intégrité.

L'une des témoins pour la défense, Ellen Whitt, a un diplôme en psychologie et a travaillé avec des femmes victimes de violence physique et sexuelle. En 1988, elle travaillait avec Mark Curtis à l'usine Swift où elle a participé à la lutte contre la descente de la police de l'immigration.

« A partir de ce que vous savez de Mark Curtis tant au niveau personnel qu'au niveau des objectifs que vous partagez avec lui, a dit Mark Pennington, ne vous est-il jamais venu à l'esprit qu'il puisse nourrir le moindre sentiment de rancoeur, la moindre tendance à la violence ? »

« Non, a-t-elle répondu, je n'en ai jamais vu le moindre indice. [...] Je connais au moins une occasion où des travailleurs de chez Swift ont menacé de battre des travailleurs mexicains et Mark est intervenu pour calmer la situation et expliquer que cela ne serait pas dans l'intérêt des travailleurs. »

Jackie Floyd, qui connaissait Mark Curtis depuis trois ans grâce à leurs activités communes au sein de l'Alliance des jeunes socialistes, a également témoigné. « N'avez-vous aucun exemple ou indice montrant qu'il pourrait nourrir une animosité quelconque envers les femmes ? » lui a demandé Mark Pennington.

« Aucun, » a dit Jackie Floyd, qui était voisine de Mark Curtis jusqu'à la veille du procès. « Un de mes deux enfants est une fille. J'ai deux enfants, un fils et une fille, et tous les deux sont devenus de bons amis de Mark et de sa femme. »

« Êtes-vous préoccupée par l'idée que votre fille, une jeune Noire, puisse être en compagnie de M. Mark Curtis ? » a demandé l'avocat.

« Non, absolument pas, » a-t-elle répondu.

STU SINGER

Le réalisateur Nick Castle interviewe Mark Curtis au pénitencier pour hommes de l'État d'Iowa, à Anamosa, pour son documentaire *Le coup monté contre Mark Curtis.*

Pas de mobile

Au cours d'une entrevue dans le film vidéo *Le coup monté contre Mark Curtis* du metteur en scène d'Hollywood, Nick Castle, Mark Pennington dit qu'« ils n'ont pu trouver personne pour contredire les témoignages sur la personnalité de Mark Curtis. » La seule chose que l'accusation a pu trouver, c'est que Mark Curtis a menti à propos de son expérience de travail dans une formule de demande d'emploi. C'était à Birmingham, dans l'Alabama, lors de la récession au début des années 80.

« Le fait que l'État d'Iowa a pu obtenir des informations concernant une fausse déclaration sur une demande d'emploi dans l'État de l'Alabama est très révélateur, a dit l'avocat de Mark Curtis dans l'interview. Cela montre clairement qu'ils ont investi beaucoup de temps, d'effort et d'argent pour trouver quelque chose sur lui. Et c'est clair qu'ils sont revenus les mains vides. »

Le procureur était incapable d'expliquer de manière plausible le fait qu'un jeune militant politique, au beau milieu d'une lutte syndicale importante, serait allé à une maison où il ne connaissait personne et aurait violé la jeune femme de 15 ans qui a répondu à la porte, tout en sachant que son frère était présent. Le procureur a dû insinuer que Mark Curtis est arrivé à la maison des Morris par erreur alors qu'il cherchait la maison d'un trafiquant de drogue qui venait de déménager dans le coin. Vers la fin du procès, le procureur Catherine Thune a fait témoigner l'amie du supposé trafiquant. Elle a dit qu'elle avait habité en face de chez Mark Curtis, qu'elle le connaissait de vue mais pas de nom. Elle a dit qu'elle et son ami avaient peut-être en passant échangé une parole ou deux avec Mark Curtis.

Mais toutes leurs enquêtes n'ont fourni aux policiers et au procureur aucune indication que Mark Curtis soit associé à la drogue. Les membres de son organisation, le Parti socialiste des travailleurs, sont bien connus parmi les militants politiques pour ne pas utiliser de drogues illégales. C'est une politique qui aide à protéger le parti contre le harcèlement de la police et des employeurs.

Pas besoin de conspiration pour expliquer un coup monté

Pour discréditer l'idée que Mark Curtis puisse être victime d'un coup monté, le procureur a prétendu que pour qu'une telle chose se produise, il faudrait une conspiration complexe et élaborée, impliquant plusieurs personnes.

Mais Mark Curtis et ses partisans n'ont jamais prétendu que les policiers avaient un plan élaboré pour le prendre au piège. Le coup monté a commencé lorsque Joseph González a baissé le pantalon de Mark Curtis, fabriquant ainsi une preuve visible que pouvaient voir les autres officiers. Des centaines de travailleurs sont victimes de ce genre de coup monté tous les jours quand ils se font ramasser et accuser de crimes selon le bon vouloir des policiers, des procureurs et des juges. Dès que les policiers ont fouillé la voiture de Mark Curtis et qu'ils ont trouvé des tracts politiques expliquant son appui à la lutte des Noirs et des immigrants, ils se sont certainement rendu compte qu'il était un militant politique. Le caractère politique du coup monté est devenu plus clair un peu plus tard lorsque les policiers l'ont appelé « un ami des Mexicains, tout comme tu aimes ces Noirs. »

De plus, Mark Curtis n'a jamais prétendu que la jeune femme qui l'a accusé faisait partie d'une conspiration. Catherine Thune lui a demandé à un moment donné : « Quand Demetria témoigne que vous êtes la personne qui l'a violée, elle ment ? »

« Je l'ai entendue, a t-il répondu, comme nous l'avons tous entendue, et je crois que quelque chose lui est peut-être arrivé, peut-être même ce qu'elle dit. Mais je ne suis pas cette personne. Elle a tort au moins sur ce point. »

Immédiatement après la condamnation de Mark Curtis, Mark Pennington a déposé une requête en vue d'un nouveau procès en s'appuyant sur les nombreuses irrégularités qui ont entaché le procès. Le 18 novembre 1988, le juge Harry Perkins a rejeté cette requête, juste avant de condamner Mark Curtis à 25 ans de prison.

Avant la lecture de la sentence, Mark Curtis a fait une dernière déclaration au tribunal : « Depuis mon arrestation au mois de mars, des milliers de gens de cet État, de Des Moines, des Philippines jusqu'en Nouvelle-Zélande, ont pris position et ont dénoncé ce coup monté qui a pour objet de m'emprisonner injustement, car c'est de ça qu'il s'agit.

« Ce qui m'est arrivé n'a rien d'exceptionnel ou d'anormal si on compare cela à ce que vivent beaucoup de gens dans ce pays. *La cause de l'État d'Iowa contre Mark Curtis* n'est pas une histoire de viol ou de cambriolage. [...] C'est un cas qui a pour objet d'instiller la peur de la prison, la peur de la matraque dans le coeur du peuple travailleur.

« Je vais continuer à participer à la lutte des travailleurs, peu importe où je me trouve. Mon histoire n'est particulière qu'à un seul égard, et c'est [...] que des milliers de gens ont participé à ma défense. Et cela va continuer de grandir et je serai libre de toute façon. »

8

Derrière les barreaux, mais politiquement actif

« Les écoles et les médias patronaux, les politiciens et les différentes églises apprennent aux gens à voir les prisonniers comme de la racaille. Mais nous sommes presque tous de la classe ouvrière ; nous sommes des êtres humains qui ont intérêt à lutter pour les droits de la personne, » dit Mark Curtis en expliquant comment un travailleur socialiste agit derrière les barreaux. « Nous avons des intérêts communs et nous ne pourrons protéger nos droits que par nos actes et notre unité. »

Assis dans le parloir, au Centre correctionnel John Bennett de la prison d'État de Fort Madison, en Iowa, Mark Curtis a décrit au cours de l'été 1993 les nombreuses personnes qu'il a rencontrées en prison depuis qu'il a commencé à purger sa peine, à la fin de 1988.

« J'ai rencontré des travailleurs d'abattoir et des camionneurs, dont certains ont participé à des luttes syndicales. Il y a des vétérans des guerres menées par les États-Unis au Panama, au Viêt-nam, et beaucoup de gens influencés par le mouvement pour les droits civils. J'ai rencontré un gars qui avait fui le régime au Salvador. En fait, il a obtenu l'annulation des accusations contre lui parce que son procès avait eu lieu en anglais — une langue qu'il ne connaissait pas. »

Mark Curtis a expliqué qu'un des plus gros défis que les prisonniers doivent relever, c'est que « nous devons rester en contact avec l'extérieur. »

Cela n'est pas facile. Le système pénitentiaire est conçu pour isoler les prisonniers du reste du monde et les dissuader de se tourner vers d'autres luttes plus importantes à l'extérieur de la prison.

Tentative d'isoler les prisonniers

Rapidement après sa condamnation, Mark Curtis a commencé à faire l'expérience des centaines de règles et règlements utilisés pour atteindre cet objectif lorsque l'administration du pénitencier pour hommes de l'État d'Iowa, à Anamosa, a refusé de l'autoriser à recevoir des livres et des lettres rédigés dans des langues autres que l'anglais. Elle lui a refusé un abonnement à la revue socialiste en espagnol *Perspectiva Mundial*, de même qu'un dictionnaire anglais/espagnol que lui avait envoyé le Comité de défense de Mark Curtis.

« Je n'étais pas le seul — ils refusaient ce genre de choses à d'autres prisonniers aussi, a noté Mark Curtis. Ils ont rejeté la demande d'un gars originaire du Cambodge qui tentait d'obtenir les lettres de sa famille. »

Le comité de défense a aidé à mener une campagne contre ce règlement sur les langues. Le directeur de la prison a reçu des centaines de lettres dénonçant le refus des autorités pénitentiaires d'autoriser Mark Curtis à recevoir du matériel en espagnol. Des journaux d'Iowa ont couvert sa lutte et finalement l'administration a reculé et l'a autorisé à recevoir la littérature.

« Mais ils ont continué à nier ce droit aux autres, a dit Mark Curtis. D'autres détenus ont utilisé mes lettres de

Andile Yawa, un dirigeant de la Ligue des Jeunes du Congrès national africain rendant visite à Mark Curtis au Centre correctionnel John Bennett à Fort Madison, en Iowa.

protestation et beaucoup ont gagné leur cas. » Quand Mark Curtis est revenu à la prison d'Anamosa deux ans plus tard, il a cependant constaté que les autorités « avaient repris leurs anciennes habitudes. Elles ont tellement de règlements pour empêcher les prisonniers de partager des livres, faire circuler un journal ou partager d'autres choses ! Un gars s'est attiré des ennuis parce qu'il avait entre les mains un exemplaire du *Militant* qui n'était pas le sien. »

De l'intérieur des murs de la prison, « j'ai essayé de participer à différentes batailles de la lutte des classes, » principalement au moyen du courrier. Le syndicaliste emprisonné a envoyé des lettres de soutien aux travailleurs en grève contre Eastern Airlines, aux mineurs de charbon en Grande-Bretagne, aux Travailleurs agricoles unis de l'État de Washington, aux sidérurgistes en grève de Trinity Industries à Bessemer, en Alabama, et à plusieurs autres.

Mark Curtis a aussi écrit à des victimes de brutalité policière et à des prisonniers politiques dans le monde entier, y compris au militant autochtone Leonard Peltier, aux combattants pour l'indépendance de l'Irlande et à Rodney King dont le passage à tabac par les policiers de Los Angeles en mars 1991, enregistré en film vidéo, avait provoqué l'indignation dans le monde entier. « Moi et un autre détenu avons écrit à Tim Anderson, » a dit Mark Curtis. Tim Anderson est un militant politique et défenseur des droits des aborigènes en Australie qui a été victime d'un coup monté et accusé de meurtre. « Des prisonniers de Turquie, d'Arizona, du Texas, du New Jersey et de beaucoup d'autres endroits m'ont envoyé des lettres. Mais je n'ai pas le droit de les recevoir. Je ne reçois qu'une note du service de la poste pour m'informer qu'elles sont arrivées. » Les autorités pénitentiaires s'assurent que les détenus de différentes institutions et de différentes parties du monde ne peuvent pas communiquer entre eux.

Pour rester en contact avec le monde, Mark Curtis profite aussi des visites d'autres combattants politiques. En 1992, par exemple, il a rencontré Andile Yawa, un dirigeant de la Ligue des jeunes du Congrès national africain. « Cette visite a été extraordinaire. D'autres prisonniers m'ont demandé de lui poser certaines questions sur la lutte en Afrique du Sud et certains me demandent encore ce qui se passe là-bas. » Une visite de James Warren, candidat du Parti socialiste des travailleurs (SWP) pour les élections présidentielles de 1992 aux États-Unis, a aussi suscité de l'intérêt parmi d'autres prisonniers. Mark Curtis était l'un des représentants nationaux de cette campagne électorale.

« Ma réunion hebdomadaire avec des membres de la branche de Des Moines du SWP est probablement la plus importante, a dit Mark Curtis. Nous avons toujours une discussion de formation, d'habitude à partir d'un article du *Militant*. Et nous discutons d'autres questions politiques ainsi que de ma campagne de défense. »

Dans une entrevue réalisée en 1993, il a décrit une journée typique de sa vie en prison : « Je travaille à plein temps dans l'imprimerie d'ici » pour environ 50 cents de l'heure. « Après le travail je fais un peu d'exercice, je passe du temps à discuter avec les gens et je prends mon repas. Je lis énormément le soir. Et je garde un peu de temps pour étudier l'espagnol. » Il a noté comment Nelson Mandela, Fidel Castro, James P. Cannon et d'autres dirigeants révolutionnaires qui sont allés en prison ont profité de ce temps pour étudier et apprendre. « Ils ont donné de bons exemples de ce que l'on peut faire en prison, a-t-il dit. C'est pourquoi la lutte pour les livres est si importante. »

L'organisation Martin Luther King Jr.

Peu après son incarcération dans la prison d'Anamosa, Mark Curtis a adhéré à l'organisation Martin Luther King Jr., un groupe de « détenus qui s'intéressent au mouvement pour les droits civils et qui luttent pour de meilleures conditions en prison, » comme il l'a expliqué. Il a été élu secrétaire du groupe jusqu'à ce que les autorités pénitentiaires l'excluent de cette fonction.

Mark Curtis a décrit la première réunion de cette organisation à laquelle il a participé en janvier 1989. « Tous avaient le droit de parole. Le bombardement de la Libye [par l'armée U.S.] avait eu lieu peu de temps avant. J'ai donc parlé de cette question, du fait que Martin Luther King s'était prononcé contre la guerre U.S. au Viêt-nam et du fait que la lutte contre le racisme doit être liée aux événements dans le monde. Mes paroles ont été très bien reçues. » Le groupe invitait des orateurs de l'extérieur et avait mis sur pied une bibliothèque de livres politiques. L'administration de la prison a bloqué des livres commandés aux éditions Pathfinder. Après de nombreuses protestations, l'organisation Martin Luther King Jr. a pu les obtenir.

« Les livres de Malcolm X et de Thomas Sankara étaient populaires, a dit Mark Curtis, tout comme ceux de Karl Marx et Friedrich Engels. L'exemplaire du *Manifeste du parti communiste* a beaucoup circulé. »

Quelques mois après que le groupe a conquis le droit de recevoir les livres, l'administration de la prison a décidé de transférer Mark Curtis au pénitencier de Fort Madison parce qu'il était en train de se construire une « base de pouvoir » à Anamosa, selon un rapport de la prison. Il a été transféré après avoir mené avec l'aide d'autres détenus une lutte sans succès contre un rapport disciplinaire établi pour avoir soi-disant parié sur le Super Bowl, l'événement de l'année dans le football U.S. On a aussi écrit dans son dossier qu'il avait craché par terre au cours d'une partie de basket-ball. Par ce transfert, « ils ont reconnu implicitement qu'ils ne pourraient pas m'empêcher de parler à des gens ni de les influencer, » a souligné Mark Curtis.

On l'a renvoyé à Anamosa en août 1991. Cette fois-ci, lui et trois autres prisonniers ont démarré un groupe d'étude sur le socialisme. « Nous avons commencé avec le *Manifeste du parti communiste*, a-t-il dit. Nous en avons obtenu plusieurs exemplaires. Nous animions la classe à tour de rôle. » Cependant, avant d'avoir eu la possibilité de lire beaucoup de livres, Mark Curtis a de nouveau été transféré à Fort Madison.

Discussions sur la politique dans le monde

Les prisonniers ont le même genre de discussions sur la politique et les événements dans le monde que les travailleurs d'une usine automobile ou d'un abattoir, a noté Mark Curtis. Au cours de la période qui a précédé la guerre du Golfe à la fin de 1990, début 1991, par exemple, « beaucoup se sont prononcés contre les préparatifs de guerre. » Plusieurs détenus ont signé une lettre au *Des Moines Register* pour protester contre les préparatifs de guerre de Washington. Lorsque les bombardements ont commencé à la mi-janvier et que les troupes U.S. se sont engagées au combat, la plupart des prisonniers ont cependant changé de position et soutenu, bien qu'à contrecoeur, la guerre menée par les États-Unis.

Le livre de Pathfinder *États-Unis, Hors du Moyen-Orient !* (disponible en anglais et en espagnol) « a été réellement utile, a dit Mark Curtis. Un prisonnier qui l'avait lu a commencé à argumenter contre un autre qui soutenait la guerre : « Hé ! Tu devrais lire ça. On nous convainc d'appuyer une chose que nous ne devrions pas appuyer. »

Mark Curtis discute aussi beaucoup avec d'autres détenus sur l'embargo du gouvernement U.S. contre Cuba. Le nombre de ceux qui disent que l'embargo devrait être levé augmente autant parmi les prisonniers que dans la population aux États-Unis. Comme de plus en plus de gens aux États-Unis, plus de prisonniers disent que l'embargo devrait cesser. « Les gens me posent des questions sur Cuba, a dit Mark Curtis. « Est-ce que les gens peuvent s'exprimer librement ? » « Comment sont les prisons là-bas ? » « Pourquoi des gens quittent Cuba pour venir ici ? »

Mark Curtis a écrit beaucoup d'articles dans le *Militant* sur les discussions et les luttes qui ont eu lieu dans les prisons où il s'est trouvé. Lui-même et John Flowers, qui est un Amérindien Sioux, ont écrit un article sur le combat des détenus autochtones à Anamosa pour obtenir le droit de pratiquer leur religion et leur culture.

Mark Curtis a aussi contribué à plusieurs articles sur beaucoup d'autres questions politiques. Mark Curtis et un autre prisonnier à Fort Madison ont écrit un article pour le *Militant* en 1991 condamnant les tentatives du gouvernement de miner le droit des femmes de choisir l'avortement. « Il m'a suggéré d'écrire cet article parce que c'était une question sur laquelle il avait une opinion très forte. Cela reflète le prestige qu'a le *Militant* — beaucoup de gens le lisent. »

Combattre le coup monté de l'intérieur

Les prisonniers de Fort Madison ont différentes opinions sur la campagne de défense de Mark Curtis. « Beaucoup s'y intéressent, a dit Mark Curtis. Ils aiment voir quelqu'un se défendre face au genre d'injustice dont j'ai été victime. Quand j'ai gagné mon procès contre les policiers qui m'ont battu, ils l'ont réellement apprécié.

« Mais ce n'est pas tout le monde qui m'appuie, à cause de la nature des accusations [d'abus sexuel]. Il y a des gens qui croient tout ce que l'État dit que quelqu'un a fait. Et quelques détenus n'aiment pas le fait que je suis communiste. Mais la plupart des gens te jugent à partir de tes actes — si tu es du côté des détenus, que tu participes aux luttes et que tu restes debout pour défendre les choses auxquelles tu crois, les gens te respectent. »

Faisant référence à son combat pour la justice, Mark Curtis a dit : « Aucune pression ni menace, aussi grande soit-elle, ne me fera abandonner cette lutte. J'ai reçu l'appui de travailleurs, de combattants et de défenseurs des droits démocratiques dans le monde. Ils ne m'ont pas brisé et j'ai plus que jamais acquis la certitude que je partirai d'ici plus fort que lorsque j'y suis entré. »

NAT LONDON

Mark Curtis a continué de parler politique avec les travailleurs qui étaient en prison avec lui. En partant d'en haut à gauche, dans le sens contraire des aiguilles d'une montre : des étudiants d'école secondaire participent en 1994 à un rassemblement contre la Proposition 187 qui visent les immigrés en Californie ; des millions de travailleurs et de jeunes protestent en décembre 1995 en France contre les coupures dans les services sociaux et revendiquent une semaine de travail plus courte ; février 1991, la route qui va de la ville de Koweït à celle de Bassora en Irak, après un énorme bombardement U.S.

9

Victoire au procès contre les policiers qui l'ont tabassé

En mai 1989, Mark Curtis a intenté un procès au niveau fédéral contre la ville de Des Moines et les policiers qui l'avaient tabassé dans une cellule du poste de police de la ville un peu plus d'un an auparavant.

Il a accusé les policiers et les responsables locaux d'avoir violé ses droits constitutionnels pendant son arrestation : son droit de ne pas être soumis à une fouille ou à une arrestation injustifiées, ainsi qu'à des gestes ou à des menaces de violence. Il les a aussi accusés de châtiment cruel et inhabituel, de négligence et de brutalité.

Le 31 janvier 1992, le juge Charles Wolle de la cour fédérale de district a statué en faveur du militant syndicaliste et socialiste emprisonné. Les policiers de Des Moines, Charles Wolf et Daniel Dusenbery, qui avaient brutalisé Mark Curtis, ont été reconnus coupables de coups et blessures et condamnés à verser 11 000 dollars en dommages et intérêts en plus des frais de justice et des honoraires des avocats, pour un total de 64 000 dollars. « La police ne pouvait plus nier qu'il avait été blessé et que les policiers étaient les seuls à avoir pu le faire, » a dit Alfredo Alvarez, ancien président de la Commission des droits de la personne de Des Moines et partisan de longue date du combat de Mark Curtis pour la justice.

Mais l'évidence du fait que la police avait été à l'origine des blessures de Mark Curtis ne garantissait nullement la victoire. La brutalité policière est une réalité concrète pour des milliers de travailleurs des petites et grandes villes des États-Unis. Les travailleurs immigrés, noirs ou latino-américains sont particulièrement susceptibles d'en être victimes, comme le sont ceux qui sont actifs dans les luttes syndicales et les mouvements de protestation sociale. Même dans les trop rares occasions où les policiers subissent un procès pour des brutalités de ce genre, ils prétendent presque toujours que l'utilisation de la force était nécessaire et justifiée, comme ils l'ont affirmé dans le cas de Mark Curtis. Et les tribunaux acceptent généralement les arguments de la police.

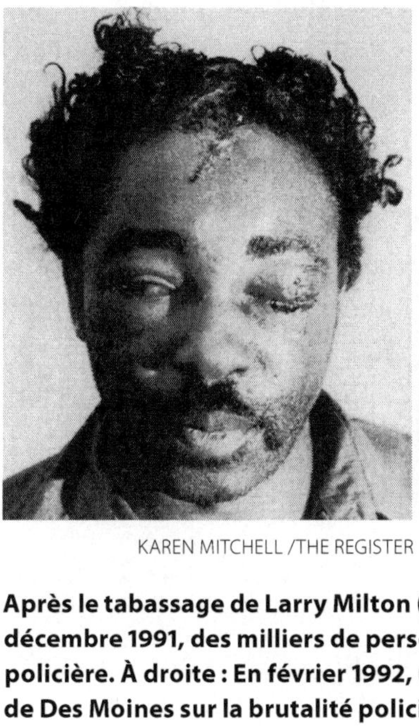

KAREN MITCHELL /THE REGISTER

CHRIS REMPLE

Après le tabassage de Larry Milton (à gauche) par la police en décembre 1991, des milliers de personnes ont dénoncé la brutalité policière. À droite : En février 1992, une audience de conseil municipal de Des Moines sur la brutalité policière.

La brutalité des policiers n'aurait pas suffi pour permettre à Mark Curtis de gagner son procès. Ce qui a été déterminant, c'est une remontée des luttes contre le racisme et la violence policière, à Des Moines et au niveau national.

« Cela ne se produit pas à Des Moines »

Le 4 mars 1988, alors que Charles Wolf et Daniel Dusenbery passaient Mark Curtis à tabac, Stu Singer essayait de le faire sortir de prison. Quand les gardiens de prison de la ville ont répondu de manière évasive à la question de savoir s'ils avaient Mark Curtis en détention, Stu Singer, qui avait une certaine expérience de lutte dans le mouvement ouvrier et le mouvement pour les droits civils, a commencé à craindre que les policiers ne le tabassent. Mais pratiquement tous les avocats et les militants politiques avec qui il a parlé cette nuit-là lui ont dit de ne pas s'inquiéter, qu'une telle chose ne s'était jamais produite à Des Moines.

Au cours des années suivantes, beaucoup de gens ont commencé à voir plus clairement que le racisme, le harcèlement sexuel et la brutalité sont pratiques courantes parmi les policiers de cette ville d'Iowa.

La Commission du service civil de Des Moines a publié en novembre 1988 un rapport décrivant en détail de nombreux cas de comportements racistes et sexistes parmi les policiers. Le *Des Moines Register* a décrit les conclusions de l'enquête, qui a entraîné la réintégration d'une policière licenciée pour avoir dénoncé des remarques racistes de son supérieur. Le *Register* a conclu : « L'enquête interne de la police a manqué de crédibilité, les enquêteurs ont essayé de « blanchir le supérieur. »

Quatre mois plus tôt, une ancienne policière harcelée sexuellement pendant plusieurs années par d'autres policiers a gagné un procès contre la police pour discrimination. Dans ce cas, les témoignages ont fourni des exemples de

ROBERT ROETHIG

Réunion à Des Moines pour célébrer la victoire de Mark Curtis dans son procès contre les policiers qui l'ont battu.

harcèlement non seulement sexiste mais aussi raciste. Deux policiers blancs, par exemple, avaient revêtu le costume du Ku Klux Klan pour « accueillir » un nouvel officier noir dans leur unité.

Le fait que les policiers de Des Moines tabassaient les détenus pendant leur garde à vue était de notoriété publique. À tel point que la police a cru bon installer une caméra dans l'ascenseur utilisé pour transporter les suspects des guichets d'inscription jusqu'aux cellules de détention. Le « trajet de l'ascenseur » était devenu l'objet de protestations croissantes contre les tabassages de la police. Avant l'arrestation de Mark Curtis, Charles Wolf et Daniel Dusenbery avaient tous deux déjà frappé ou tiré sur des personnes pendant leur détention.

« Nous savons très bien que de tels tabassages se produisent, » a déclaré Alfredo Alvarez devant la Commission du service civil en mai 1988.

Le tabassage de Larry Milton

Le 28 décembre 1991, la police de Des Moines a brutalement tabassé Larry Milton. Cela a provoqué une explosion de colère en particulier dans la communauté noire, excédée par les violences policières. Les policiers ont menotté les mains et les pieds de cet homme noir de 35 ans et l'ont frappé à la tête à plusieurs reprises avec une lourde lampe de poche en métal sous les yeux de dizaines de témoins. Il a fallu 22 points de suture pour fermer ses blessures.

Cette agression contre Larry Milton est survenue pendant que les gens avaient encore fraîches à la mémoire les dramatiques images vidéo du tabassage de Rodney King par la police de Los Angeles.

Les milliers de personnes qui ont dénoncé la brutalité policière en participant aux rassemblements de protestation, aux réunions publiques et aux émissions radiophoniques à ligne ouverte ont adopté le slogan « Pas d'excuse ! » Beaucoup ont décrit comment eux ou des membres de leur entourage ont été victimes de brutalité policière. Une femme a expliqué, par exemple, que la police de Des Moines a brutalisé chacun de ses trois fils.

Mark Curtis et 24 autres prisonniers du Centre correctionnel John Bennett à Fort Madison dans l'État d'Iowa ont écrit à Larry Milton pour lui témoigner de leur solidarité.

La police et les politiciens qui la soutiennent ont répondu à l'indignation des gens en lançant une campagne pour calomnier Larry Milton et justifier leurs gestes. Avec des arguments étonnamment similaires à ceux des policiers de Los Angeles pour justifier le tabassage de Rodney King, le sergent de police responsable de l'agression contre Larry Milton a prétendu que ce dernier était ivre, drogué et n'avait pas semblé affecté par les coups répétés qu'il avait reçus sur la tête.

Malgré les protestations, le jury d'accusation a finalement refusé d'inculper les policiers qui ont tabassé Larry Milton.

« La procédure normale »

Pendant le procès de Charles Wolf et de Daniel Dusenbery, le chef de la police William Moulder a cherché à prouver que les deux policiers avaient agi correctement en tabassant Mark Curtis. Il a présenté comme preuve les Normes de procédures opérationnelles du service de police. Ce manuel donne des conseils aux policiers sur la manière d'utiliser la force contre les suspects. Dans une section intitulée « Attaquer les points vitaux du corps, » il donne aux policiers une liste de 21 parties du corps qui peuvent être attaquées : « Les yeux — arracher, lancer des projectiles ; [...] Le cou — presque tout le cou est vital pour frapper, serrer ou étrangler ; [...] Les reins — frapper vers l'intérieur ; [...] L'aine — frapper ou donner un coup de pied. [...]

« Relations publiques : quand c'est possible, éviter d'utiliser la force en public ; quand c'est impossible, attaquer vite et fort. »

En présentant ces normes de procédures opérationnelles William Moulder a fini par jeter un peu plus de lumière sur la réalité : ce qui est arrivé à Mark Curtis et à Larry Milton ne constituait pas une quelconque aberration, mais faisait partie du travail normal des policiers.

La plainte de Mark Curtis contre la police a abouti devant le juge Charles Wolle en janvier 1992, au plus fort du débat public, des protestations et des manifestations contre le tabassage de Larry Milton. Charles Wolle a fini par décider que « Wolf et Dusenbery savaient tous deux qu'ils utilisaient une force excessive quand ils ont donné des coups de genou à l'oeil et à l'aine [de Mark Curtis] pendant qu'il était étendu à terre sur le dos et qu'il ne pouvait s'enfuir ou leur faire du mal. »

« C'est une grande victoire, non seulement pour moi mais aussi pour toutes les victimes de brutalité policière, » a déclaré Mark Curtis en entendant la décision.

Des dirigeants du combat contre la brutalité policière à Des Moines ont pris la parole au meeting qui s'est tenu dans cette ville le 8 février 1992 pour célébrer l'issue du procès. L'un d'eux, Dudley Allison, a dit : « La victoire de Mark Curtis me rend fou de joie. Elle permet, à mon avis, d'ouvrir la porte pour poursuivre les policiers qui commettent ce genre de crimes. »

Sonja Palmer, fondatrice de l'association Mères et épouses contre la brutalité policière, qui s'est créée après le tabassage de Larry Milton, et Ako Abdul Samad, membre du conseil d'administration d'une station de radio de la communauté noire qui a été au centre des mobilisations pour obtenir justice pour Larry Milton, ont aussi pris la parole au cours de ce meeting.

Greg McCartan, un des dirigeants du Parti socialiste des travailleurs, a dit que « ce verdict prononcé par un juge fédéral va droit au coeur du coup monté contre Mark [...] Si un juge fédéral statue que les policiers ont menti à propos du tabassage de Mark, alors il est aussi possible que le policier qui a témoigné contre lui ait menti. »

Le jugement « signifie que plus de gens voudront reprendre l'appel pour la libération immédiate [de Mark Curtis] » a souligné son épouse, Kate Kaku, qui est une dirigeante de la campagne pour sa défense. « Nous pensons que le jour où Mark sortira de prison s'est rapproché et que ce que nous faisons maintenant avec cette victoire récente y contribuera encore. »

10

Libérez Mark Curtis maintenant !

Je vous écris comme un syndicaliste inquiet pour demander un examen immédiat de la demande de libération conditionnelle de Mark Curtis.

GEORGE LACH
Cinquième vice-président
Fédération américaine des employés d'États, de comtés et de municipalités,
section locale 2203
Baltimore, Maryland

Veuillez libérer Mark Curtis le plus tôt possible. Il n'a violé ou volé personne, mais a été au contraire victime d'un coup monté par la police parce qu'il défend les droits des travailleurs immigrants.

ARTHUR WALTERS
Professeur associé
Université de médecine et de chirurgie dentaire du
New Jersey

Si Mark Curtis avouait sa culpabilité, serait-il maintenant libre ? Il semble que M. Mark Curtis a purgé suffisamment de temps (cinq ans) de sa peine de dix ans pour agression sexuelle pour qu'il puisse être remis en liberté.

DAVID OSTERBERG
Représentant
Assemblée de l'État d'Iowa

J'écris non seulement pour exprimer ma solidarité avec un prisonnier politique comme moi, mais aussi pour soutenir sa demande d'une libération conditionnelle rapide.

BRENDAN DONAGHY
Combattant pour
l'indépendance de
l'Irlande, emprisonné en Irlande
du Nord

Ces lettres figuraient parmi des centaines d'autres présentées à la Commission des libérations conditionnelles de l'État d'Iowa en soutien à Mark Curtis en septembre et octobre 1993. Depuis que Mark Curtis a commencé à purger sa peine en 1988, des milliers de personnes autour du monde ont demandé à cette commission de le libérer.

Parmi ceux qui ont soutenu sa libération conditionnelle au fil des années se trouvent la militante pour les droits civils Coretta Scott King, le maire de Détroit Coleman Young, l'avocat pour les affaires de droits de la personne William Kunstler, le militant et homme politique péruvien Hugo Blanco, le militant et ancien prisonnier politique sud-africain Fred Dube, la Confédération générale du travail en France et bien d'autres.

Le syndicaliste et socialiste emprisonné a de forts arguments en faveur de sa libération conditionnelle. Il satisfait aux exigences habituelles de l'État d'Iowa : bonne conduite en prison, un soutien fort à l'extérieur et plusieurs offres d'emploi. Il a déjà purgé sa peine pour abus sexuel. (Selon la loi de l'État d'Iowa, qui réduit la sentence d'un jour pour

ARGIRIS MALAPANIS

IRENE SOSA

(En haut) À La Havane en novembre 1994, un partisan de la campagne de Mark Curtis explique les faits lors d'une conférence internationale de solidarité avec Cuba. (En bas) À Washington en avril 1989 à une manifestation pour le droit à l'avortement, des militantes prennent connaissance du coup monté.

chaque jour de « bonne conduite » en prison, un prisonnier recouvre normalement sa liberté après avoir purgé la moitié de sa peine : cinq ans sur une sentence de dix ans dans le cas de Mark Curtis.)

Néanmoins, la Commission des libérations conditionnelles de l'État d'Iowa a refusé même d'accorder à Mark Curtis une audience en 1993 et en 1994. Les obstacles qu'il doit surmonter pour obtenir sa libération conditionnelle reflètent à la fois la nature politique de son cas et les atteintes aux droits démocratiques des prisonniers en général.

Campagne pour la libération conditionnelle maintenant !

Avec le temps, la demande de libération conditionnelle de Mark Curtis devient de plus en plus convaincante. Le nombre de ceux qui appuient la lutte pour sa libération augmente à mesure qu'il devient plus évident qu'il n'est maintenu en prison qu'en raison d'une attitude de discrimination politique systématique du gouvernement et des autorités pénitentiaires d'Iowa à son endroit.

Beaucoup de personnes outrées par le traitement nettement discriminatoire subi par Mark Curtis en prison commencent à penser, après avoir examiné les faits, qu'on l'a condamné dès le début à partir de preuves fabriquées et que le gouvernement l'a expédié en prison à cause de ses activités de syndicaliste et de combattant ouvrier.

C'est pourquoi le Comité de défense de Mark Curtis accorde tant d'importance à la campagne politique pour obtenir sa libération conditionnelle. Elle vise à la fois à casser politiquement le coup monté et à le faire sortir de prison, afin qu'il puisse participer de façon plus complète aux activités politiques. Elle fournit à ses partisans un moyen pour se tourner largement vers le mouvement ouvrier, les jeunes,

Frankie Travis s'adresse à une réunion à Des Moines en octobre 1994 pour exiger la libération de Mark Curtis. Frankie Travis est un « guerrier de la route » de la section locale 7837 du Syndicat international des travailleurs unis du papier, qui lutte contre un lock-out par la compagnie A.E. Staley, à Decatur, en Illinois.

les défenseurs des droits démocratiques afin d'expliquer le coup monté et gagner de nouveaux soutiens.

En plus de l'envoi de lettres, une délégation de partisans de Mark Curtis a assisté à chaque audience de la Commission des libérations conditionnelles de l'État d'Iowa sur son cas. Les autorités pénitentiaires et la commission ont fait clairement savoir qu'elles n'aiment pas cette large campagne de défense. « Vous avez transformé ce cas en cirque politique, » a dit un membre de la commission lors d'une audience. « Vous avez tout fait pour le faire passer pour un cas politique, ce qu'il n'est pas. » L'Équipe correctionnelle d'urgence de la prison a fouillé les partisans de Mark Curtis qui ont assisté à ces audiences en 1990 et en 1991, ce qu'elle n'a pas fait à ceux qui assistaient aux audiences des autres prisonniers.

Ceux qui soutiennent le coup monté et veulent garder Mark Curtis en prison ont eux aussi accordé beaucoup d'attention à la Commission des libérations conditionnelles. Keith et Denise Morris, les parents de la femme que Mark Curtis est supposé avoir attaquée, ont assisté aux audiences, argumentant vigoureusement contre sa libération. La Ligue des travailleurs et quelques individus comme Mary Bertin, une représentante du comité de Boston de l'Association nationale pour l'avancement des gens de couleur, ont aussi fait campagne contre une libération rapide de Mark Curtis.

Programme de traitement des délinquants sexuels

Une des demandes les plus ouvertement antidémocratiques adressée à Mark Curtis par la Commission des libérations conditionnelles est qu'il participe à un Programme de traitement des délinquants sexuels (SOTP), qui exige que le prisonnier admette sa culpabilité.

Cette question a surgi pour la première fois à la troisième audience sur la libération conditionnelle de Mark Curtis en novembre 1991. « Tant que vous n'aurez pas suivi le Programme de traitement des délinquants sexuels, cette commission ne retiendra pas votre cas, » a dit Barbara Binnie à Mark Curtis. Barbara Binnie est l'une des trois membres de la commission présents à l'audience. Le président de la commission Walter Saur a fait des déclarations similaires, que le troisième membre de la commission n'a pas contestées.

Mark Curtis a toujours expliqué qu'il ne peut pas se soumettre au SOTP parce qu'il est innocent. Le premier « critère d'admission au programme » se lit comme suit : « Admettez votre culpabilité : prenez la responsabilité de votre propre crime. »

Lors de son audience de 1992, Mark Curtis a demandé s'il y avait une règle obligeant les prisonniers à subir le

SOTP. « À ma connaissance, il ne s'agit pas d'une règle, a répondu Joanne Lorence. Mais c'est une politique et nous conseillons certainement aux gens de s'y soumettre. Je ne peux pas dire de façon catégorique que nous n'avons jamais accordé une libération conditionnelle à quelqu'un qui n'a pas participé au programme. »

Obliger des prisonniers à participer à un tel programme comme condition d'une libération conditionnelle est une atteinte au droit à la présomption d'innocence et le droit de ne pas s'incriminer soi-même.

La Cour suprême du Montana a décidé en 1991 qu'on ne peut obliger des condamnés pour délit sexuel à se soumettre à une thérapie comme condition pour rester hors de prison si la reconnaissance de leur culpabilité constitue un élément essentiel de la thérapie. Dans ce cas, Donald Imlay clamait son innocence face à une accusation d'avoir agressé sexuellement une enfant. La cour l'a trouvé coupable et l'a condamné à cinq ans de prison. Mais elle a décidé de surseoir à sa peine s'il participait à un programme de thérapie sexuelle. Quand il a continué à nier sa culpabilité, il a été radié du programme et incarcéré.

La cour du Montana a dit que le cinquième amendement à la Constitution des États-Unis signifie que l'État ne peut pas imposer une peine plus sévère parce que le condamné refuse de confesser un crime. Elle a ordonné qu'une nouvelle peine soit prononcée. La Cour suprême des États-Unis a refusé de modifier cette décision.

Pas volontaires et vraiment dégradants

Des programmes de traitement en prison comme le SOTP d'Iowa ne sont jamais véritablement volontaires, malgré les prétentions des autorités. Les détenus sont toujours sous la pression de les accepter dans l'espoir d'une libération ou d'un meilleur traitement. Cela est vrai que la pression soit explicite ou implicite.

De tels programmes pour délinquants sexuels deviennent très répandus, selon Margaret Winter, une avocate pour le Projet national des prisonniers de l'Union américaine des libertés civiles (ACLU). Elle a décrit un soi-disant programme de traitement au Vermont contre lequel des avocats de l'ACLU ont déposé une plainte collective. Les autorités de l'État prétendent que le programme est volontaire, a dit Margaret Winter. « Mais en fait ce n'est pas plus volontaire que dans le cas de Mark. » Elle a donné l'exemple d'un prisonnier condamné à une peine de deux à vingt ans. « Ils disent : « Si vous suivez le programme vous pourrez peut-être sortir dans deux ans, sinon vous en ferez vingt. »

Ces programmes pour délinquants sexuels, comme beaucoup d'autres programmes de « réhabilitation » derrière les barreaux, tentent de rabaisser et de casser les prisonniers. Le système au Vermont en est une bonne illustration. Selon Margaret Winter, les participants doivent regarder du matériel pornographique pendant qu'on évalue leur niveau d'excitation. Les autorités pénitentiaires prétendent que l'information fournie par ces tests peut servir à déceler les prisonniers susceptibles de commettre un crime sexuel.

Les détenus dans le programme du Vermont doivent décrire leurs « fantasmes pervers » à un thérapeute, a dit Margaret Winter. Ceux qui bénéficient d'une libération conditionnelle après le programme doivent souvent continuer ce traitement pendant des années en consultant un thérapeute. Leur libération conditionnelle peut être annulée, et l'est parfois, si le thérapeute n'approuve pas leurs fantasmes.

« Beaucoup de gens refusent de suivre le programme » et préfèrent purger leurs peines, a noté Margaret Winter. « C'est tellement dégradant. »

Le SOTP d'Iowa a aussi recours à des méthodes humiliantes. Les détenus inscrits au programme doivent participer à des séances de thérapie collective où on les encourage à s'accabler mutuellement pour les crimes dont on les accuse. « La personne visée par les commentaires écoutera et ne parlera pas avant d'avoir entendu tous les commentaires, précise le règlement du SOTP. Elle regardera les autres dans les yeux à tout moment. [...] Les représailles pour des commentaires négatifs ne seront pas tolérées. » Les participants au SOTP doivent aussi rédiger un essai intitulé « Par les yeux de ma victime », où ils doivent décrire en détail « le déroulement du crime tel que vécu par la victime, rédigé à la première personne. »

Ce genre de « traitement » est censé aider chaque prisonnier à « assumer [son] crime. »

Jusqu'en 1993, la loi en Iowa accordait à la plupart des prisonniers une audience annuelle devant la Commission des libérations conditionnelles. La loi a été amendée pour laisser à la commission le soin de décider quels détenus auraient la chance de présenter leurs cas. La commission a utilisé le nouveau règlement pour refuser une audience à Mark Curtis et à beaucoup d'autres prisonniers.

« J'aurais dû obtenir une audience immédiate, » a dit Mark Curtis après la décision de la commission en octobre 1993. « Les défenseurs des droits démocratiques devraient insister pour que les prisonniers puissent présenter eux-mêmes leur cas devant la commission. » Il a indiqué qu'après avoir entièrement purgé sa peine pour abus sexuel — le seul crime dont on l'accuse réellement — il est plus difficile que jamais pour les autorités de justifier son maintien en prison.

« Pour l'instant, le terrain s'est déplacé. Les autorités ont d'abord insinué que je devais compléter leur Programme de traitement pour délinquants sexuels, où vous êtes censés reconnaître votre culpabilité pour le crime dont on vous accuse, » a-t-il dit. Mais cette exigence semble avoir été délaissée pour l'instant. « Ils insistent maintenant pour que je participe à des programmes pour déterminer si je suis apte à sortir de prison ou bien ils prétendent que je n'ai pas encore passé assez de temps en prison. »

Les partisans du Comité de défense de Mark Curtis à l'échelle internationale continuent les discussions avec tous ceux qui ont écrit des lettres à la commission et présentent l'affaire à de nouvelles personnes. Ce travail crée la base politique pour les campagnes régulières en faveur de la libération conditionnelle de Mark Curtis.

ANNEXE

On trouvera ici quelques exemples des centaines de messages venus de tous les coins du monde pour obtenir la libération de Mark Curtis.

Le récent traitement infligé à Mark Curtis par des officiers sous votre supervision montre à tous ceux qui connaissent son cas jusqu'à quel point votre administration est désespérée et vindicative.

Ma propre expérience avec les fonctionnaires des pénitenciers m'a enseigné que ces gens falsifient parfois des rapports d'incidents. Qu'ils l'aient fait et que cela ait mené à l'isolement à un moment si rapproché des audiences sur sa libération conditionnelle enlèvent toute crédibilité à votre administration.

Sincèrement monsieur, nous nous attendons à mieux de vous. Libérer immédiatement Mark Curtis de l'isolement et recommander sincèrement sa libération conditionnelle favoriseraient la réconciliation. Curtis ne mérite rien de moins.

TIM A. BETTGER
Membre de la section locale 4 de l'Association canadienne des travailleurs de fonderie et ouvriers assimilés
Yellowknife, Territoires du Nord-Ouest, Canada

Mark Curtis a reçu en juillet un « laissez-passer » au Centre correctionnel John Bennett, mais dès septembre il était condamné à 30 jours dans la cellule de réclusion et à un an de confinement cellulaire.

La meilleure façon de rendre justice et de redonner un semblant de crédibilité au département correctionnel d'Iowa, c'est de libérer Mark Curtis.

DAVID L. YARD
Président du Comité des mines
Mineurs unis d'Amérique,
section locale 1969
Virden, Illinois

Je voudrais par la présente vous demander à nouveau de réévaluer le confinement cellulaire, la libération et la demande de libération conditionnelle de M. Mark Curtis. M. Curtis a complété sa peine d'emprisonnement pour sa première accusation et il ne reste en prison que pour une accusation de cambriolage.

M. Curtis continue de clamer son innocence et fait présentement appel de sa condamnation. Il a réussi à maintenir en prison un excellent dossier au niveau de sa conduite, de son travail et de sa civilité et il s'est acquis un grand appui au sein du public.

SÉNATEUR JACKIE VAUGHN III
Présidente associée du Sénat
du Michigan
Présidente de la Commission
Martin Luther King Jr.

Je vous écris comme secrétaire général du Syndicat national des mineurs, le plus grand syndicat en Afrique du Sud et en Afrique.

C'est avec beaucoup de regret et d'horreur que nous avons pris connaissance du cas de Mark Curtis au pénitencier de l'État d'Iowa. Nous vous demandons de mettre fin à son confinement cellulaire et de faire enquête sur ce dernier verdict et sa sentence antérieure.

En tant que personne qui a passé 11 ans en prison et comme secrétaire général d'un syndicat dont les membres ont aussi connu de longues sentences de prison, l'emprisonnement à vie ou même le couloir de la mort dans la lutte pour libérer l'Afrique du Sud, je connais le caractère destructif et inhumain de telles conditions.

Le « crime » de Mark Curtis est d'avoir été un militant syndical actif, d'avoir défendu les droits des travailleurs et d'avoir manifesté contre le racisme policier et pour l'égalité des femmes : les mêmes batailles que nous avons menées ici en Afrique du Sud. Nous vous exhortons de reconsidérer son cas et de lui donner un traitement juste devant la loi.

KGALEMA MOTLANTHE
Secrétaire général
Syndicat national des mineurs
Johannesburg, Afrique du Sud

J'écris au nom de notre Conseil diocésain pour la paix et la justice pour dénoncer les récentes mesures contre le prisonnier Mark Curtis et sa condamnation à un an de confinement cellulaire.

Nous suivons le cas de M. Curtis depuis plusieurs années et d'après tout ce que nous avons vu et entendu nous ne pouvons croire qu'il ait agressé quelqu'un. Mais ce que nous croyons vraiment, c'est que tout cet incident a été motivé politiquement.

Mark Curtis n'est une menace pour personne et devrait avoir obtenu sa libération conditionnelle depuis longtemps.

CAROL E. WARREN
Coordinatrice du Comité
sur la paix et la justice
Diocèse catholique
Lexington, Kentucky

On m'a appris que M. Mark Curtis a été condamné à une autre année de durs traitements dans votre prison. Il est extrêmement douteux que M. Curtis soit coupable des accusations portées contre lui après avoir maintenu une conduite impeccable pendant les années qu'il a déjà purgées.

Je dénonce cette autre violation des droits de M. Curtis. Je vous demande de procéder à une révision de son cas et de sa sentence.

ANDRÉS GÔMEZ
Directeur,
Magazine *Areíto*
Miami, Floride

Maintenant que Mark a purgé sa peine avec grand honneur et courage et qu'il a démontré une grande patience, ne pensez-vous pas qu'il est à peu près temps que Mark soit remis en liberté ?

En tant qu'agriculteur dans le grand État d'Iowa, je me suis déjà engagé à l'appuyer et à lui venir en aide quand il sera libéré. Je vous recommande donc fortement de convoquer une audience pour Mark aussitôt que possible.

LARRY GINTER
Rhodes, Iowa

Nous avons suivi depuis plusieurs années le cas de Mark Curtis, un travailleur accusé d'agression sexuelle dans ce qui semble clairement un coup monté qui vise à mettre fin à ses activités comme dirigeant syndical. Et comme si cela ne suffisait pas, on a aussi refusé à Mark Curtis le droit à une libération conditionnelle malgré qu'il ait complété une partie de sa sentence.

Nous ne comprenons pas qu'un pays qui se targue d'être libre et démocratique puisse maintenir des prisonniers politiques et permettre des cas comme celui-ci, dans lesquels les décisions des tribunaux ont clairement un caractère politique.

Nous demandons que la cour revienne sur sa décision et libère Mark Curtis immédiatement.

PEDRO POSSAMAI
Directeur, Mouvement des paysans sans terre
Santa Catarina, Brésil

En lisant les dernières nouvelles sur Mark Curtis, nous avons été sidérés d'apprendre qu'il avait été trouvé coupable d'« agression » et condamné à 30 jours de détention disciplinaire et à une année de confinement cellulaire. Mais qu'est-ce que cela veut dire ?

Le déclarer coupable est déjà absurde, mais on lui impose en plus la sentence maximum permise : 30 jours dans la cellule de réclusion et une année de « confinement cellulaire ». Nous travaillons avec des centaines de prisonniers dont les droits ont été bafoués de façon dégoûtante, mais ceci est insensé.

Nous ajoutons nos noms aux milliers d'autres qui exigent que Mark Curtis soit retourné dans la population générale et que toutes les accusations contre lui soient retirées.

MICHELE VIGNOLA
LISA FARUOLO
Comité de défense de
Leonard Peltier
Lawrence, Kansas

J'écris pour dénoncer votre décision d'imposer le confinement cellulaire à Mark Curtis et de l'accuser d'agression et d'autres infractions. Il n'y a aucune raison de mettre Curtis en confinement cellulaire et le rapport déposé contre lui est clairement faux.

Ces actions représentent une tentative de salir la réputation de Mark Curtis, de ternir son dossier, de miner les efforts pour obtenir sa libération conditionnelle et de le garder en prison.

Je vous demande instamment de libérer Mark Curtis de son confinement cellulaire et de retirer les accusations contre lui.

RAY ROGERS
Président
Corporate Campaign, Inc.
New York, New York

Au nom des Jeunes socialistes, une organisation qui vient d'être créée, je voudrais te donner nos salutations chaleureuses et révolutionnaires et te remercier pour les salutations stimulantes que tu as envoyées à notre réunion [en août 1994 à Oberlin en Ohio]. NOUS AUSSI DÉTESTONS LE CAPITALISME.

Nous sommes en solidarité avec toi dans ta lutte pour la justice et nous continuerons tant que tu n'auras pas recouvré ta liberté ! Nous sommes solidaires de tous ceux qui sont en prison pour leurs convictions politiques, qui refusent de céder sur leurs principes pour obtenir une « sentence plus courte ». Nous sommes solidaires des travailleurs, des agriculteurs et des jeunes à Cuba qui luttent pour maintenir leur révolution socialiste malgré la mer capitaliste qui les entoure.

Socialismo o Muerte !

ROBIN KISSINGER
Comité national des Jeunes socialistes

La révolution cubaine et les Cinq Cubains

Acquittés par la solidarité

16 aquarelles pour les 16 années d'emprisonnement injuste des Cinq Cubains

Bilingue, en anglais et en espagnol. 15 $ US

Voix depuis la prison

Les Cinq Cubains

7 $ US. Aussi en anglais, espagnol, arabe et farsi.

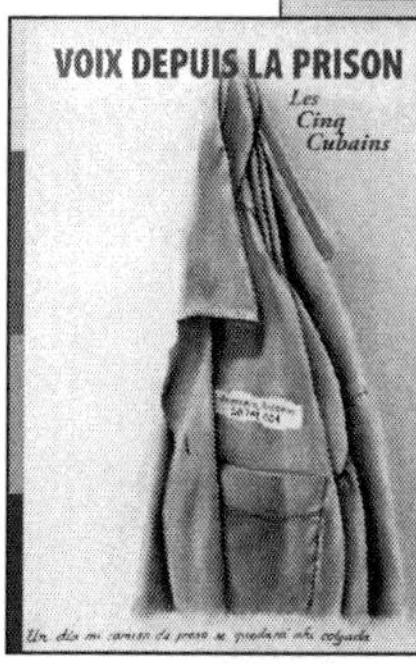

« Je mourrai comme j'ai vécu »

15 aquarelles d'Antonio Guerrero

7 $ US. Aussi en anglais, espagnol et farsi.

Le nouveau livre d'aquarelles d'Antonio Guerrero *Acquittés par la solidarité* ne pourrait être plus opportun. Tout comme *Voix depuis la prison* et *« Je mourrai comme j'ai vécu, »* le précédent recueil d'aquarelles et de textes de Guerrero, il raconte le coup monté de 1998 contre les Cinq Cubains et la campagne internationale qui a gagné leur libération.

Avec clarté et humour, ces livres disent la vérité sur la révolution socialiste vivante à Cuba et sur les prochaines batailles internationales qui seront menées et gagnées par le genre d'hommes et de femmes que seule peut produire une transformation prolétarienne populaire comme celle qui a eu lieu dans ce pays.

WWW.PATHFINDERPRESS.COM

50 ANNÉES D'OPÉRATIONS SECRÈTES AUX USA

La police politique de Washington et la classe ouvrière américaine

Larry Seigle, Farrell Dobbs, Steve Clark

La campagne politique menée pendant 15 ans par le Parti socialiste des travailleurs afin de mettre à nu des décennies d'espionnage et de perturbation par le FBI et d'autres agences policières à l'encontre des organisations ouvrières et d'autres opposants aux politiques du gouvernement. Retrace les origines des efforts bipartites visant à étendre les pouvoirs présidentiels et à construire un État de « sécurité nationale » essentiel au maintien du régime capitaliste. Comprend « La guerre impérialiste et la classe ouvrière » de Farrell Dobbs. En anglais et en espagnol. 12 $ US

LE PROCÈS DU SOCIALISME

Témoignage au procès pour sédition de Minneapolis

James P. Cannon

Le programme révolutionnaire de la classe ouvrière, tel que présenté en 1941 lors du procès pour « complot séditieux » de dirigeants du mouvement syndical de Minneapolis et du Parti socialiste des travailleurs. Ce livre comprend la réponse de l'auteur à des critiques gauchistes adressées aux accusés, où il s'appuie sur les leçons du mouvement ouvrier — de Marx et Engels à la révolution d'octobre et au-delà. En anglais et en espagnol. 16 $ US

LIBÉRATION DES FEMMES ET SOCIALISME

Les femmes à Cuba : La réalisation d'une révolution au sein de la révolution

VILMA ESPÍN, ASELA DE LOS SANTOS, YOLANDA FERRER

La révolution sociale qui a renversé en 1959 la dictature sanglante de Fulgencio Batista a commencé dans les rues de villes comme Santiago de Cuba et dans les zones montagneuses libérées par l'Armée rebelle dans l'est de Cuba. L'intégration sans précédent des femmes dans les rangs et la direction de la lutte est une véritable mesure de son cours révolutionnaire jusqu'à aujourd'hui. En anglais et en espagnol. 20 $ US

Les cosmétiques, la mode et l'exploitation des femmes

JOSEPH HANSEN, EVELYN REED, MARY-ALICE WATERS

Comment le grand capital joue sur le statut de deuxième classe et l'insécurité sociale des femmes pour vendre des cosmétiques et empocher des profits. En anglais, espagnol et farsi. 15 $ US

L'émancipation des femmes et la lutte de libération de l'Afrique

THOMAS SANKARA

« Les femmes et les hommes de notre société sont tous victimes de l'oppression et de la domination impérialistes. C'est pourquoi la révolution et la libération de la femme vont de pair. C'est une nécessité fondamentale pour le triomphe de la révolution. » 8 $ US. Aussi en anglais, espagnol et farsi.

ÉLARGISSEZ *votre bibliothèque révolutionnaire*

La classe ouvrière et la transformation de l'éducation

L'imposture de la réforme de l'école sous le capitalisme

JACK BARNES

« Jusqu'à ce que la société soit réorganisée de façon à ce que l'éducation soit une activité humaine de notre prime jeunesse à notre mort, il n'y aura pas d'éducation digne de l'humanité travailleuse et créatrice. » 3 $ US. Aussi en anglais, espagnol, farsi, et grec.

Le désordre mondial du capitalisme

La politique ouvrière au millénaire

JACK BARNES

La dévastation sociale et les paniques financières, le durcissement de la politique, la brutalité policière et les agressions impérialistes — aucune de ces réalités n'est le produit de quelque chose qui s'est détraqué dans le capitalisme, mais bien des lois qui régissent son fonctionnement. La lutte unitaire des travailleurs et des agriculteurs conscients de leur capacité de mener des batailles révolutionnaires pour le pouvoir d'État et de transformer le monde peut changer l'avenir. 25 $ US. Aussi en anglais et en espagnol.

La conception matérialiste de la question juive

Une interprétation marxiste

ABRAHAM LÉON

Ce livre fait remonter les justifications historiques de l'antisémitisme au fait que les Juifs — au cours des siècles qui ont précédé la domination du capitalisme industriel — ont émergé comme un « peuple-classe » de marchands et de prêteurs sur gages. Abraham Léon explique pourquoi les possédants au pouvoir attisent à nouveau la haine des Juifs à l'époque du déclin du capitalisme. En anglais. 25 $ US

Thomas Sankara parle

La révolution au Burkina Faso, 1983-1987

THOMAS SANKARA

Sous la direction de Thomas Sankara, le gouvernement révolutionnaire du Burkina Faso en Afrique de l'Ouest a donné un exemple électrisant. Il a mobilisé les paysans, les travailleurs, les femmes et les jeunes pour mener des campagnes d'alphabétisation et de vaccination ; creuser des puits, planter des arbres, construire des barrages et des logements ; combattre l'oppression des femmes et transformer les relations d'exploitation à la campagne ; se libérer du joug impérialiste et se solidariser avec ceux qui étaient engagés dans le même combat ailleurs dans le monde. 24 $ US. Aussi en anglais.

Rébellion Teamster

FARRELL DOBBS

Les grèves de 1934 qui ont construit le mouvement des syndicats industriels à Minneapolis et contribué à l'essor du CIO, racontées par un de leurs dirigeants centraux. Le premier d'une série de quatre livres sur la direction de lutte de classe de ces grèves et des campagnes de syndicalisation qui ont transformé dans la plus grande partie du Midwest le syndicat des Teamsters en un mouvement social combatif et montré la voie en avant vers l'action politique ouvrière indépendante. 19 $ US. Aussi en anglais et en espagnol.

La grève de 1985-1986 des travailleurs de l'abattoir Hormel, à Austin au Minnesota

FRED HALSTEAD

La dure grève menée contre la compagnie Hormel a initié une série de batailles des travailleurs des usines de transformation de la viande qui — de concert avec des grèves des travailleurs des pâtes et papier, de la conserverie et des mines de charbon dans l'Ouest des États-Unis — ont marqué une rupture dans la déroute des syndicats US amorcée pendant la récession de 1981-1982. En anglais et en espagnol. 6 $ US.

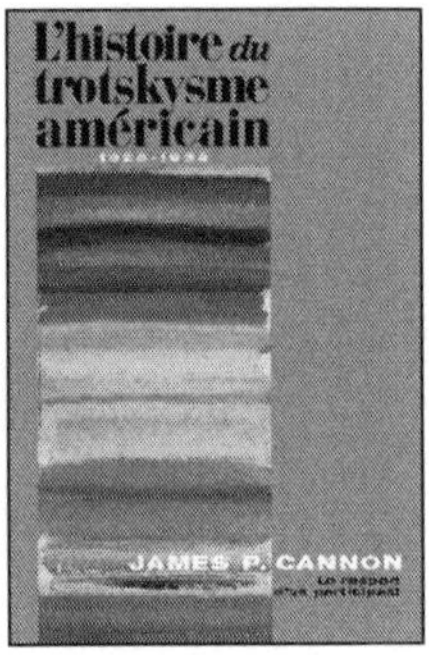

L'histoire du trotskysme américain, 1928-1938

Le rapport d'un participant

JAMES P. CANNON

« Le trotskysme n'est pas un nouveau mouvement, une nouvelle doctrine, mais la restauration, la renaissance du marxisme véritable tel qu'il a été exposé et appliqué au cours de la révolution russe et des premiers jours de l'Internationale communiste. » Dans cette série de 12 présentations faites en 1942, James P. Cannon raconte un épisode décisif des efforts déployés pour construire un parti prolétarien aux États-Unis. 22 $ US. Aussi en anglais et en espagnol.

Cuba et l'Angola

Lutter pour la libération de l'Afrique et pour la nôtre

L'histoire de la mission internationaliste de près de 16 ans menée par Cuba pour aider le peuple de l'Angola, racontée par ceux qui l'ont accomplie, dont Fidel Castro, Nelson Mandela et Raúl Castro. Avec un article de Gabriel García Márquez. Ce cahier contient aussi les témoignages de trois des Cinq Cubains qui ont combattu en Angola. En anglais et en espagnol. 12 $ US

Une révolution socialiste est-elle possible aux États-Unis ?

MARY-ALICE WATERS

Dans deux présentations faites au Salon du livre international du Venezuela en 2007 et 2008, Mary-Alice Waters explique pourquoi une révolution socialiste est possible aux États-Unis. Et pourquoi les travailleurs mèneront inévitablement des luttes révolutionnaires, que les classes possédantes nous obligeront à livrer en s'attaquant à nous sous la pression de la crise. Alors que la solidarité s'approfondit parmi une avant-garde ouvrière combative, on peut déjà entrevoir les contours des batailles de classe qui viennent. 7 $ US. Aussi en anglais et en espagnol.

www.pathfinderpress.com

Aussi de Pathfinder

Malcolm X, la libération des noirs et la voie vers le pouvoir ouvrier

JACK BARNES

« Ne commencez pas avec les Noirs en tant que nationalité opprimée. Commencez avec la place et le poids d'avant-garde des travailleurs qui sont noirs dans les grandes luttes politiques et sociales dirigées par le prolétariat aux États-Unis. De la guerre civile à aujourd'hui, le bilan est ahurissant. C'est la force et la résistance qui vous sidèrent, pas l'oppression. »
Jack Barnes

Tirant les leçons d'un siècle et demi de lutte, ce livre nous aide à comprendre pourquoi c'est la conquête révolutionnaire du pouvoir par la classe ouvrière qui rendra possible la bataille finale pour la libération des Noirs – et ouvrira la voie à un monde basé non pas sur l'exploitation, la violence et le racisme, mais sur la solidarité humaine. Un monde socialiste.

20 $ US. Aussi en anglais, espagnol et arabe.

Le Manifeste communiste

KARL MARX ET FRIEDRICH ENGELS

Le document fondateur du mouvement prolétarien moderne, publié en 1848. Il explique pourquoi le communisme ne découle pas de principes préconçus, mais de la ligne de marche de la classe ouvrière vers le pouvoir — issue « d'une lutte de classe existante, d'un mouvement historique qui s'opère sous nos yeux. » 5 $ US. Aussi en anglais, espagnol et arabe.

Nouvelle Internationale

UNE REVUE DE POLITIQUE ET DE THÉORIE MARXISTES

NOUVELLE INTERNATIONALE N° 7

Le long hiver chaud du capitalisme a commencé

Jack Barnes

Et « *Leur transformation et la nôtre,* » *résolution du Parti socialiste des travailleurs*

Les conflits interimpérialistes qui s'aiguisent aujourd'hui sont alimentés à la fois par le début de ce qui sera des décennies de convulsions économiques, financières et sociales et de batailles de classe, et par le plus important changement dans la politique et l'organisation militaires de Washington depuis l'escalade US qui a conduit à la deuxième guerre mondiale. Les travailleurs ayant un esprit de lutte de classe doivent faire face à ce point tournant de l'impérialisme et prendre plaisir à projeter avec audace un cours révolutionnaire pour y faire face. 16 $ US. Aussi en anglais, espagnol et arabe.

NOUVELLE INTERNATIONALE N° 8

Notre politique commence avec le monde

Jack Barnes

Les énormes inégalités économiques et culturelles qui existent entre les pays impérialistes et semicoloniaux et entre les classes de presque tous les pays sont produites, reproduites et accentuées par le fonctionnement du capitalisme. Pour que les travailleurs d'avant-garde puissent construire des partis capables de diriger une lutte révolutionnaire victorieuse dans nos propres pays, dit Jack Barnes, nous devons guider notre activité avec une stratégie visant à combler cet écart.

Contient aussi : « L'agriculture, la science et les classes travailleuses » de Steve Clark ; *et* « Capitalisme, travail et nature, » un échange entre Richard Levins et Steve Clark. 14 $ US. Aussi en anglais et en espagnol.